Weitere Titel des Autors:

Herr Tourette und ich

Der Titel ist auch als E-Book erhältlich

Über den Autor:

Pelle Sandstrak hat unter anderem als Bestatter und Stand-up-Comedian gearbeitet. Heute reist er mit seinem Programm »Mr. Tourette och jag« (Herr Tourette und ich) um die Welt. Er schreibt Theaterstücke, hält Vorträge und veröffentlichte bereits eine Sammlung von Kurzprosa mit dem Titel »Nu är nog det värsta över« (Jetzt ist das Schlimmste wohl vorbei). Der erste Teil seiner Autobiografie, »Herr Tourette und ich«, war ein Bestseller und wurde in zahlreiche Sprachen übersetzt. Pelle Sandstrak lebt in der Nähe von Stockholm und in Nordnorwegen. Zurzeit arbeitet er am dritten Teil seiner Autobiografie.

Pelle Sandstrak

Herr Tourette auf Tour

Die Abenteuer eines
glücklichen Menschen

Aus dem Schwedischen von Susanne Dahmann

Mit Illustrationen von Johanna Salenius

BASTEI
LÜBBE
TASCHENBUCH

BASTEI LÜBBE TASCHENBUCH
Band 60798

1. Auflage: August 2014

Dieser Titel ist auch als E-Book erschienen

Deutsche Erstausgabe

Für die Originalausgabe:
Copyright © 2012 by Pelle Sandstrak und Bromberg Bokförlag AB
Titel der schwedischen Originalausgabe: »Mr Tourette on tour«
Originalverlag: Bromberg Bokförlag AB

Illustrationen: Johanna Salenius

Für die deutschsprachige Ausgabe:
Copyright © 2014 by Bastei Lübbe AG, Köln
Umschlagmotiv: © istockphoto; © shutterstock/mareKuliasz
Umschlaggestaltung: Tanja Østlyngen
Satz: hanseatenSatz-bremen, Bremen
Gesetzt aus der Optima LT
Druck und Verarbeitung: GGP Media GmbH, Pößneck
Printed in Germany
ISBN 978-3-404-60798-3

Sie finden uns im Internet unter
www.luebbe.de
Bitte beachten Sie auch: www.lesejury.de

Für Elinmaria

*In silent fellowship
In silence we sit
In the morning gold*

The Waterboys

Inhalt

Einleitung   9

Fakten 2011   11

Ein sturer Hund   13
Lofoten, Norwegen

Was hast du vor einer Viertelstunde gemacht?   39
Osnabrück, Deutschland

Kein Grund zur Sorge   55
Wolfsgraben, Österreich

Und wie war's in Kristinehamn?   83
Logbuch Kristinehamn – Kabul

Kishmish und eine Sackrattenmütze   97
Kabul, Afghanistan

Das kriegen wir hin   111
Neufundland, Kanada

Close-to-hell-espresso   139
Indianapolis, USA

Flower Island   155
Palawan, Philippinen

Mr. Crossfire   177
Ljusdal, Schweden

Auf dem Kvissedeforsen   193
und eine Fahrt mit dem Krankenwagen

Epilog für die deutsche Ausgabe   219

Einleitung

Ein langer, schlaksiger Professor steht direkt vor mir, er bewegt sich wie John Cleese und sieht auch so aus. Und plötzlich sagt er das, worauf ich fast mein ganzes Leben gewartet habe:

»Sie haben das Tourette-Syndrom. Und Sie sind zu siebenundneunzig Prozent schwerbehindert.«

Siebenundneunzig, denke ich. Das ist doch gar nicht schlecht. Wenigstens bin ich nicht hundert Prozent behindert.

Ich frage den Professor, warum er nicht hundert Prozent sagt, will wissen, wofür die letzten drei Prozent stehen.

Er antwortet augenblicklich:

»Siebenundneunzig Prozent schwerbehindert. Drei Prozent Hoffnung.«

Zehn Jahre später sitze ich gemeinsam mit einem Freund in einer Bar in Kopenhagen. Nach Jahren der Therapie mit Erfolgen und Niederlagen bin ich jetzt so gesund, wie ich sein möchte. In der Zwischenzeit habe ich als Dramatiker, Schauspieler, Bestatter und Stand-up-Comedian gearbeitet. Der Freund in der Bar darf noch einmal meinen Monolog über den in der Kulturwelt herrschenden Mangel an Geschichten und Bücher ohne Sinn anhören … Doch diesmal unterbricht er mich:

»Jetzt hör mal auf zu jammern, erzähl lieber deine eigene Geschichte.«

»Meine eigene Geschichte? Was habe ich für eine Geschichte zu erzählen?«, erwidere ich.

Seit zehn Jahren reise ich jetzt als Mr. Tourette in der Welt herum, aber ich kann mich an kaum ein einziges Hotelfrühstück, an kein spätes Bier an der Bar und an keine lange Schlange bei der Sicherheitskontrolle erinnern. An die unerwarteten Begegnungen und Situationen auf meinen Reisen allerdings erinnere ich mich sehr gut. Doch wie ich dort hingekommen bin, weiß ich nicht. Ich glaube, es fällt mir einfach zu, auch wenn es nicht ohne Mühe ist.

Ich bin ganz einfach ein Handlungsreisender mit der Hoffnung als Ware.

Drei Prozent.

Fakten 2011

203 Reisetage
98 Hotelübernachtungen
93 Flugreisen
54 Taxifahrten
39 Zugfahrten
18 Busreisen
12 Fähren
2 Helikopter
1 Rikscha

31 040 Kilometer auf Autobahnen
18 930 Kilometer auf Landstraßen
434 Hängebrücken
1034 Rondelle
340 Tunnel

809 Tassen doppelter Espresso
4 Tassen grüner Tee
80 Pfannkuchen
8 Liter Ahornsirup
212 Marzipanbrote mit Cognacgeschmack
189 Tüten Nussmischung
112 Liter Mineralwasser mit Kohlensäure
   und Zitronengeschmack
108 Zimtschnecken
81 Tüten Cocktailmöhren

3 gebrochene Finger
1 Gehirnerschütterung
1 Schädelbasisbruch
1 Nackenstarre
1 ausgekugelter Arm
0 Erkältungen
0 Grippeerkrankungen
50 460 Tics

Ein sturer Hund

Lofoten, Norwegen

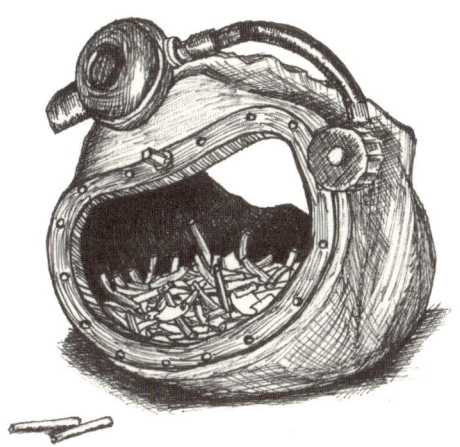

In Norwegen ist das Trocknen von Fisch eine uralte Tradition. Das Wort »Dorsch«, auf Schwedisch »torsk«, stammt vom altnordischen »turskr«, was Trockenfisch bedeutet. Trockenfisch ist ungesalzener Fisch, der drei Monate lang auf natürliche Weise von Sonne und Wind getrocknet wird. Dann wird er nochmals zwei bis drei Monate lang an einem trockenen und luftigen Platz im Haus nachgetrocknet. Während des Trocknens verschwinden ungefähr siebzig Prozent des Wassers aus dem Fisch, dieweil der Trockenfisch jedoch den Nährwert des frischen Fischs behält. Er ist reich an Proteinen, Vitamin B, Eisen und Kalzium. In Norwegen dient Trockenfisch als Snack oder um daraus traditionellen Stockfisch zu machen.

Der größte Teil des exportierten Stockfischs geht nach Italien, wo er eingelegt und in verschiedenen Gerichten verwendet wird. Auch heute noch ist der Trockenfisch eines der wichtigsten Exportgüter Norwegens.

Ich bin in Svolvær, eine der nordnorwegischen Küstenperlen, die im Verlauf des Zweiten Weltkriegs zerbombt wurden. Als die Städte danach wieder aufgebaut werden sollten, hatte man weder Zeit noch Geld, um einen architektonischen Schönheitswettbewerb auszurufen, und das Ergebnis war in den meisten Fällen grotesk hässlich. Doch auf den Lofoten spielt die Architektur keine so bedeutende Rolle, da die Natur ringsherum von Gottes hauseigenem Architekturbüro, Mutter Natur AB, entworfen wurde. Das meiste ist atemberaubend schön und erstaunlich dramatisch. Die Menschen reisen wegen der Natur auf die Lofoten, und zu der Natur gehört auch das Wetter, das innerhalb von vierundzwanzig Stunden alles von Regen über Hagel bis zu sengender Sonne zu bieten imstande ist. Im Sommer werden die Inseln von Wohnwagen mit europäischen Touristen heimgesucht. Die Lofoten sind schmal, eng und lang, und in der Hochsaison bilden sich kilometerlange Schlangen von Wohnwagen, die sämtlich ganz im Süden der Insel, in Å, wenden werden. Wenn sie dann gewendet haben und wieder in die entgegengesetzte Richtung unterwegs sind, bilden sie erneut eine kilometerlange Wohnwagenschlange. Das Wohnwagenleben auf den Lofoten erschöpft sich also mehr oder weniger im Wenden in Å. Und im Schlangestehen. Darauf warten, dass der Wohnwagen vor einem parkt, rückwärtsfährt oder beides. Die Wohnwagenbesitzer ihrerseits kann man in zwei Kategorien einteilen:

Die einen haben ihr eigenes tiefgefrorenes Essen aus Bayern, Frankreich oder Italien dabei. Die kaufen nichts in den örtlichen Läden, angeln aber ein paar Wochen lang wie die Verrückten. Den gefangenen Fisch frieren sie ein und nehmen ihn mit nach Hause in ihre eigene

Euroküche. Sie geben, abgesehen von akuten Notwendigkeiten wie der Ambulanz oder dem örtlichen Bootsverleih, keine einzige Krone in Norwegen aus. Obwohl sie noch nie auf See waren, sind sie überzeugt davon, ein Boot auf dem Atlantik im Griff haben zu können. Die andere Gruppe besteht aus Schweden, Dänen, Finnen und Holländern. Sie haben eine Einstellung, die der norwegischen ähnelt, und sind deshalb beliebt, weil sie nichts dabeihaben, ihr eigenes Abendessen angeln, die Lebensmittel ansonsten beim örtlichen Händler kaufen und unentwegt darüber klagen, wie teuer alles ist.

Die Amerikaner stellen eine Art dritter Kategorie dar. Sie gleiten in Kreuzfahrtschiffen an den Lofoten vorbei und finden alles ungeheuer schön, sind aber überrascht, dass Island so wenige Vulkane hat. Aber sie sind fröhlich, trotz des isländischen Regens. Im Laufe des Herbstes kommt die wahre Seele der Lofoten zum Vorschein. Dann sind die Einwohner von ihrem Urlaub in Schweden oder Thailand zurück, der Regen stabilisiert sich, die Dunkelheit drängt sich auf, und der Alltag nimmt seinen Lauf.

Ich sagte, ungeachtet des Honorars, für einen Vortrag zu, um die Möglichkeit zu bekommen, die Lofoten im Oktober zu besuchen. Nach dem Vortrag setzte ich mich in den Mietwagen, der mich die circa vierzig Kilometer nach Leknes bringen sollte. Vierzig Kilometer auf den Lofoten entsprechen ungefähr hundert zu fahrenden Kilometern an anderen Orten. Mir war das Gerücht zu Ohren gekommen, dass mein Lieblingssnack Trockenfisch eben in der Gegend von Leknes in besonderer Qualität zu bekommen sei. Ein Mann namens Michaelsen im Hafenhotel in Henningsvær sollte nähere Informationen besitzen, wo in Leknes dieser berüchtigte Trockenfisch zu kriegen sei. Nun sind zwar die ganzen Lofoten voller Trockenfisch, doch dieser sollte von besonderer Klasse sein.

Als ich ein paar Kilometer später nach Henningsvær komme, bin ich ziemlich müde, und zwar weniger von der kurvenreichen und unebenen Straße, sondern mehr aufgrund des monotonen Geräuschs der Scheibenwischer, die jede Form von Wachheit aus dem Körper wischen. Als ich das letzte Mal in Henningsvær war, im August vor ein paar Jahren, saßen wir draußen im Café und tranken Espresso, drängelten uns mit Franzosen in der Schlange beim Bäcker und machten eine Kunstführung mit. Heute stehen auf dem Parkplatz nur ein kleinerer Lieferwagen und mein Mietwagen. Die Stille dominiert, nur einzelne dröhnende metallische Laute von einem Lastkahn weit draußen im Hafenbecken zeugen davon, dass es tatsächlich Menschen in dem Ort gibt. Ich gehe zur Hotelrezeption und drücke auf die Klingel, doch nichts geschieht. Ich warte noch ein paar Minuten, klingele erneut, doch niemand taucht auf. Als ich gerade gehen will, kommt ein junger Handwerker vorbei, ich versuche es:

»Ist Michaelsen da?«
»Michaelsen?«
»Ja?«
»Der ist nach Svolvær.«
»Svolvær? Wann ist er gefahren?«
»Vor einer Stunde.«

Michaelsen, meine Insiderquelle für die örtliche Trockenfischmafia, ist also nach Svolvær gefahren, das ich vor knapp zwei Stunden verlassen habe. Wir müssen uns ungefähr auf der Hälfte der Strecke begegnet sein. Ich frage den Handwerker, ob er mir den Namen des renommiertesten Trockenfischproduzenten in Leknes sagen kann. Als er einen der Großbetriebe nennt, weiß ich, dass er keine Ahnung von der Trockenfischszene hat.

Leknes ist einer der Hauptorte auf den Lofoten mit eigenem Flugplatz, administrativen Einrichtungen und Schulen. Und Leknes ist ohne Zweifel eine hässliche Stadt. Stamsund ist netter, Svolvær grandioser, Henningsvær herzlicher, während Leknes wie eine aufgemotzte Goldgräberstadt wirkt – eine Hauptstraße, an jedem Ende der Straße ein Rondell, dessen Hauptzweck es ist, die Autos umdrehen und dieselbe Hauptstraße wieder herunterfahren zu lassen. Läden, Restaurants, Hamburgerbuden, Würstchenstände und das Einkaufszentrum »Lofotsenteret« dominieren die Storgatan. Im Ort ist Leben, sogar Bewegung, aber trotzdem liegt so ein Gefühl von Wiederholung in der Luft.

Ein Kleintraktor überholt mich innen im Rondell, das ist mir auch noch nie passiert, zumindest nicht in einem Mini-Rondell. Und dieser Traktor kracht außerdem noch fast mit einem eleganten gelbbraunen Volvo 145 zusammen.

Ich mache einen Spaziergang die Storgatan entlang, um mehr Informationen über erstklassigen Trockenfisch zu sammeln. Ich frage eine freundliche Frau hinter einem Delikatessentresen im Einkaufszentrum, doch sie hat noch nichts davon gehört. Dann frage ich im Sportgeschäft, doch die haben auch keine Ahnung, sondern nennen mir denselben Großbetrieb, den auch der Handwerker in Henningsvær erwähnt hat. Langsam macht es mich müde, dass niemand hier etwas von dem zu wissen scheint, was eigentlich allen geläufig sein müsste. Ich frage zwei Herren mit Kappen auf dem Kopf vor dem Postamt. Sie antworten:

»Macht verdammt guten Fösch.«

»Verkauft nur samstachs.«

»Aber heute ist Mittwoch.«

»Da müssen Sie wohl bis Samstach warten«, sagen sie und lachen, »außerdem isser unterweechs.«

»Unterwegs?«, frage ich.

Sie zeigen auf einen gelbbraunen Volvo 145, der vor der Polizeistation geparkt ist.

»Da stören Sie besser mal nich«, sagt einer der Männer.

Der Volvo steht ungefähr zweihundert Meter von uns entfernt, und als ich auf das Auto zuwandere, rollt es langsam an. Obwohl er dabei ist, mich zu überfahren, scheint mich der Mann im Volvo nicht zu sehen. Wahrscheinlich will er nicht gesehen werden, nehme ich an, stürze mich aber trotzdem in meinen Leihwagen und folge dem Volvo und seinem Besitzer, der mein Trockenfischproduzent sein könnte. Ich schaffe es nicht, mich aufdringlich zu fühlen, weil der Mann im Volvo wie ein Verrückter fährt. Wenn es nicht überhaupt nur eine Straße gäbe, dann hätte ich ihn sofort verloren. Nach ein paar Kilometern biegt er rechts ab und fährt noch etwa einen Kilometer einen langen steilen Abhang hinunter. Er verschwindet hinter einem Hügel, und hinter dem Hügel liegt das Meer und etwas, was vermutlich Flesa heißt. Ich fahre vorsichtig den Abhang hinunter, und als ich mich dem Hügel nähere, erkenne ich das Dorf, das früher einmal ein lebendiger Fischerort gewesen sein muss, einer von den vielen ehemals lebendigen Fischerorten auf den

Lofoten. Ich habe den Mann verloren, und mir ist rätselhaft, wohin sein Auto verschwunden sein könnte, weil die Straße aufhört. Vor mir liegt eine Reihe von Fischerhütten und Booten und ein von der Tide arrangiertes Fußballfeld aus Sand, Muscheln und Seegras. Ein paar hundert Meter entfernt davon sehe ich große, wie Stative wirkende Konstruktionen in die Luft ragen. Auf denen wird der beste Trockenfisch der Welt gemacht. Das ist ein schöner und friedvoller Anblick fürs Auge. Es liegt ein besonderes Gefühl in der Luft, das Kleine im Großen, der Wind, der Geruch. Ich bin am richtigen Ort. Tics – *Zucken im Bauch, Händeklatschen, kleines Geräusch.*

Ein Mann in blauem Overall und mit Kappe auf dem Kopf kommt auf mich zu. Ich gehe ihm sofort entgegen – das ist ein Trick, der ausgezeichnet funktioniert, wenn man nicht weiß, was der andere will. Stehen zu bleiben und abzuwarten verleiht dem anderen Überlegenheit, ihm physisch zu begegnen schafft hingegen ein ausgeglichenes Machtverhältnis.

Der Mann hat ein zerfurchtes Gesicht mit hohen Wangenknochen und einer Hakennase. Seine Haare sind ein einziges Durcheinander, an den Ohren kurz, oben auf dem Kopf verstrubbelt, er ist unrasiert, hat buschige Augenbrauen und auffällige Narben und Verletzungen am Hals. Und er wirkt müde. Als wir aufeinandertreffen, strecke ich die Hand aus und sage entschieden:

»Pelle.«

Er sieht mich abschätzig an.

»Warum verfolgen Sie mich?«

»Trockenfisch. Habe gehört, dass es hier den besten gibt.«

»Wer sagt das?«

»Eine Frau in Svolvær.«
»Sind Sie heute von Svolvær gekommen?«
»Werde heute Abend von Leknes weiterfliegen.«
»Man kann auch von Svolvær fliegen.«
»Dann hätte ich den Trockenfisch verpasst.«
Plötzlich schlägt er einen anderen Ton an:
»Vegard. Dachte, Sie wären von der Polizei. Der Volvo hat kein Nummernschild. Deshalb sind sie hinter mir her. Die ganze Zeit. Drohen mir, sie würden das Auto stilllegen. Aber das machen sie nicht. Jetzt das achtzehnte Jahr hintereinander. Da sterb ich lieber, als an den Volvo ein Nummernschild zu machen. Die wissen, dass sie nicht gewinnen können. Dass alles nur ein Spiel ist. Aber sie haben nichts anderes zu tun.«

Sein Zuhause ist eine Art selbstkomponierte Wohnwagenfischerhütte – ein klappriger Wohnwagen, der mit einer charmanten Fischerhütte verbunden ist. Den Volvo hat er rückwärts zwischen die Wohnwagenfischerhütte und einen Schuppen gesetzt, und ich spreche hier nicht von bloßem Einparken, sondern von teuflischer Präzision. Er geht zum Schuppen, hinter dem sich das Meer ausbreitet – wieder stehe ich mitten in einem Naturgemälde. Als er die mit zwei dicken Vorhängeschlössern gesicherte Tür öffnet, verspüre ich den unwiderstehlichen und ersehnten Duft von frisch getrocknetem Fisch. Der Fisch wird nach einer uralten Methode zubereitet, bei der so viel schiefgehen kann und nur so wenig richtig gut wird. Hier hängt alles von der Rohware und der Nase des Produzenten ab.

Der Verkauf geschieht direkt ab Schuppen und natürlich unter der Hand. Der beste Trockenfisch muss immer schwarz verkauft werden, denn Fisch in dieser Qualität kann man nicht über den Tresen verkaufen. In den Läden haben sie keine Ahnung und können nicht einmal den Unterschied zwischen Trockenfisch und getrocknetem Fisch sehen oder spüren. Stattdessen wählen sie den Trockenfisch der Großbetriebe, der billiger einzukaufen ist.

Er nimmt einen Dorsch und den Rücken einer Steinforelle aus einer braunen Pappschachtel. Ich bemerke, dass seine Hände zittern, in konstanten Vibrationen und unfreiwilligen Erschütterungen, die von einer Krankheit, nicht von Nervosität herzurühren scheinen. Er nimmt einen Hammer von der Wand und taucht ihn in einen Eimer Wasser, Meersalz und Tang – das ist der Essig direkt aus dem Meer. Dann legt er den Fisch auf ein Schneidebrett aus Birkenholz und klopft kleine Stückchen davon los. Er streckt mir das Schneidebrett hin und bittet mich, zu probieren. Der Fisch zergeht auf der Zunge, das Salz liegt im Hintergrund wie eine zusätzliche Überraschung, nicht wie ein anstrengendes Muss. Noch ein Stück, ich lege es auf die Zunge, kaue, sauge – erstaunlich. Er bittet mich in die Küche, um den Durst zu löschen. Die Küche liegt im Wohnwagenteil, da gibt es sogar einen Kühlschrank und diverse Schränke und Schubladen und einen hohen Zeitungsstapel, der wahrscheinlich mal entsorgt werden sollte. In der einen Ecke des Wohnwagens hat er ein Loch zur Fischerhütte gemacht. Er holt eine Flasche Leichtbier heraus, das überrascht mich, denn er ist eigentlich nicht der Typ, der Leichtbier zum Trockenfisch trinkt. Mir gießt er ein Glas ein, er selbst trinkt aus der Flasche. Als er die Kühlschranktür aufmacht, um noch eine Flasche herauszuholen, beleuchtet das Kühlschranklicht sein stark gezeichnetes Gesicht. Er wird auf die sechzig zugehen, und seine Bewegungen sind langsam. Wir trinken noch eine Flasche Leichtbier zur Steinforelle.

Als ich ihn frage, ob er schon lange hier wohnt, antwortet er: »Lange«, und als ich frage, ob er von den Lofoten stammt, antwortet er, dass er von den Lofoten stammt. Nach einer Weile sagt er noch, dass er von Austvågøy kommt, der nördlichsten Insel der Lofoten. Wir befinden uns auf dem, was man die mittlere Insel nennt, Vestvågøy. Direkt davor durchschneidet ein Fjordarm die Lofoten. Wenn man auf den Hügel hinter dem Haus steigt, kann man im Westen den Atlantik sehen und im Osten den Vestfjorden.

An der Wand hängt neben einer kaputten Wanduhr eine Tauchermaske älteren Jahrgangs. Sie hängt einfach da, und es ist unmöglich zu sagen, ob sie der Dekoration dient oder ob da einfach ein leerer Haken war.

Er reicht mir ein dickes Stück Trockenfisch, das ich mit einer weiteren Flasche Leichtbier herunterspüle. Er sieht mich an, während er mehr oder weniger konkrete Fragen darüber stellt, woher ich komme, was ich mache, wo ich wohne, was für ein Auto ich habe, wie ich von ihm gehört habe. Er wirkt auf zurückhaltende Weise neugierig.

Langsam spricht er, mit einem tiefen Bass, und wäre sicherlich vielfacher Millionär, wenn er fließend Englisch spräche und auf eine Karriere als Erzählerstimme in Hollywoodfilmen setzen würde. Als ich das sage, lächelt er ein wenig und antwortet, dass er das vielleicht mal probieren sollte, aber als ich sage, dass es nie zu spät sei, schlägt seine Stimmung plötzlich um.

»Für sehr vieles ist es schon zu spät. Und von dem,

was noch da ist, weiß ich ziemlich genau, wie es enden wird.«

Ich wechsele das Thema und frage, wie viel er für ein paar Kilo haben will. Zwei Tausender, ist das genug? Er antwortet nicht.

»Haben Sie viele Kunden?«, frage ich.

»Ich lebe schließlich davon. Und ich lebe. Also habe ich Kunden.«

»Legen Sie Netze aus?«

»Ståle ist der Fischer, ich kümmere mich hier um die Sachen.«

Er erzählt, dass Ståles Vater und sein eigener Vater sich in den Sechzigerjahren ein Fischerboot geteilt haben, ehe sie jeder sein eigenes Boot bekamen und das Unternehmen vergrößerten. Beide waren bekannt dafür, geschickte Fischer zu sein. Ståle hat den Betrieb des Vaters übernommen und ist noch heute Berufsfischer. Und Vegard wohnt auch auf Ståles Grund und Boden.

»Er will nicht viel Miete, und ihm ist scheißegal, wie ich lebe, er mischt sich nicht ein. Wir waren viele Jahre lang Klassenkameraden, sind aber nie enge Freunde geworden.«

»Und Sie haben den Betrieb von Ihrem Vater übernommen?«

»Mein Alter hat mich nicht groß gefragt, ob ich den Laden übernehmen wollte, sondern hat mich einfach an Bord geparkt und mir gesagt, worauf es ankam. Wenn ich ein Leben auf dem Meer in Frage stellte, dann ließ er eine lange tränenreiche Geschichte darüber ab, was er und seine Vorfahren mit zwei leeren Händen zustande gebracht hätten.«

Wir betreten die Fischerhütte selbst, sie hat zwei Etagen und Luken im Fußboden, die einmal dazu dienten, so schnell wie möglich an Bord des Bootes und aufs Meer hinauszukommen. Seine Hände zittern immer noch, auch die Unterlippe bewegt sich unkontrolliert auf und ab. Er scheint Schmerzen zu haben, vermeidet gewisse Bewegungen. Es gibt noch mehr Gegenstände im Raum, die mich an das Meer und das Tauchen erinnern. Auf dem Tisch dient eine Tauchermaske als Aschenbecher, zur Hälfte mit ausgedrückten Joints, Streichhölzern und Silberpapier gefüllt. An der Wand hängt ein Bild von ihm und einem anderen Mann, beide tragen eine Taucherausrüstung, haben eine Zigarette im Mundwinkel und halten einander lächelnd und fröhlich im Arm. Das Bild sieht aus, als stamme es aus den Siebzigerjahren. In einer Ecke sind mehrere Zeitungsartikel an die Wand gepinnt, die alle dasselbe Thema haben: Tauchen. Neben dem offenen Kamin, vor dem ein trockener, feiner Holzstapel lagert, liegt ein Bündel Briefe. Ein altes Ledersofa, ein Gartentisch aus Plastik und ein schwarzer Schaukelstuhl stellen die Einrichtung dar. Das Bett befindet sich im ersten Stock, und es erinnert an eine große Hängematte. Auch dieses ist selbst konstruiert und hängt direkt vor einem großen Fenster, das zum Meer zeigt. In der Hängematte liegt ein Schaffell.

Es riecht muffig, klebrig und feucht. Vor dem Fenster stehen leere Bierdosen mit Pfeifenreinigern darin, unter der Hängematte liegen zwei Katzen und schlafen. Ich weiß nicht, ob die Katzen oder das Katzenfutter mehr riechen.

Vegard setzt sich aufs Sofa, ich in den Schaukelstuhl. Er macht noch ein Leichtbier auf und kämpft mit dem Kronkorken. Seine Hände zittern.

»Als Jugendlicher wurde ich plötzlich so verdammt seekrank. Ich konnte kaum ein Boot sehen, ohne speien zu müssen. Der Todesstoß war dann wohl in einem Februar, als wir weit draußen auf dem Meer waren und ich nur über der Reling hing und kotzte. Mein Alter hat mir das Gesicht mit einem Wasserschlauch abgespritzt. ›Jetzt zeig verdammt noch mal, dass du ein Mann bist‹, hat er geschrien. Er brüllte das mit Trauer im Blick. Sie mussten mich an Land bringen. Von da an war ich in Vaters Augen eine verdammte Memme. An dem Tag, als mein Alter lieber Ståle an Bord haben wollte als mich, haute ich nach Oslo ab. Mama hat hinterher erzählt, das sei einer ihrer glücklichsten Tage gewesen – nun musste sie mich nicht mehr leiden sehen.«

Vegard nimmt ein paar Streichhölzer, die er elegant zwischen den Fingern rollen lässt. Er erzählt, dass er beim Militär eine Ausbildung zum Schweißer gemacht hat, ehe er in Oslo an der Universität landete, um Soziologie zu studieren. Die Zulassung für die Universität zu bekommen war ein großer Erfolg in seinem Leben, und er hatte vor, das so richtig zu feiern.

»Hatte mich eben an der Bar niedergelassen, als ein Bekannter vom Militär zu mir kam und mich begrüßte. Thorbjørn, so hieß er. Das war damals, als die Ölbohrungen in der Nordsee anfingen, die Unternehmen riefen nach Leuten, die an dem mitarbeiten konnten, was der zukünftige Reichtum Norwegens werden würde. Thorbjørn konnte mir auf der Stelle einen Job als Taucher garantieren, weil ich ein guter Schweißer war und beim Wehrdienst den Hobbytaucherschein gemacht hatte. ›Soziologie kannst du später noch studieren‹, sagte er, ›das hier ist *once in a lifetime*. Wir bauen das Land auf und tragen zu seinem Wohlstand bei. Sei ein Held‹, sagte er. ›Ja, auch du. Und außerdem wirst du verdammt viel Geld verdienen.‹ Thorbjørn überredete mich, und wir fuhren nach Westen zu einer Fortbildung.«

Ehe Vegard in den Küchenteil seiner Wohnung geht, fügt er noch hinzu:

»Es gibt wohl kaum etwas weniger Memmenhaftes, als in der Nordsee nach Öl zu tauchen. Mein Alter sollte lernen, dass sein Sohn alles andere als eine verdammte Memme war. Das sollte er auf die Ohren kriegen, der alte Sack.«

Ich selbst war zu jung, um mich an die Jahre zu erinnern, in denen Norwegen das flüssige Gold entdeckte. Doch meine Eltern klebten vor dem Fernseher, wenn Nachrichten über mögliche Öl- oder Gasvorkommen gebracht wurden. Ihnen erschien ein norwegischer Ölreichtum traumhaft. Damals konnte ja noch niemand ahnen, was alles dort unter dem Meeresboden lag und wartete. Papa machte sich am meisten Sorgen wegen eines möglichen Beigeschmacks, den die Fische bekommen würden, während Mama sich fragte, wie man in Norwegen eine Bohrinsel bauen könnte. Gab es Kurse in so etwas?

Im Grunde lernten wir in der Schule nichts Erinnerungswertes über die Nordsee. Hingegen brachte man uns bei, dass eine Bohrinsel nicht umfallen kann und dass die Nordsee ein Teil des Atlantiks ist. Wir erfuhren niemals etwas über die Menschen, die draußen auf den Bohrinseln arbeiteten. In meinem Kopf blieben sie eine mystische Gemeinschaft, die alle drei Wochen in Sea-King-Helikoptern rausgeflogen wurde. Wir haben niemals ihre Gesichter gesehen, haben nie ein Interview mit ihnen gehört. Der Einzige, den wir hörten und sahen, war der Chef von Statoil, Norwegens ungekrönter König, der ein paarmal im Jahr mit einem amerikanischen Militärhubschrauber eine Charmeoffensive entlang der Küste fuhr und uns Schulkindern erzählte, dass man das Öl braucht, wenn man nicht frieren will.

»Wie lange waren Sie draußen auf der Nordsee?«, frage ich.

»Sie meinen, wie lange ich drinnen saß?«

»Drinnen?«

»In den drei Wochen, die wir draußen waren, saßen wir drinnen. Im Bunker.«

Er reicht mir das Trinkglas und entschuldigt sich dafür, dass er das Schnapsglas nicht findet.

»Habe das Glas bei Ikea gekauft. In Schweden. Vor ein paar Jahren. Hält immer noch. Die anderen fünf aus dem Paket sind weg. Keine Ahnung, was aus denen geworden ist.«

Aus einem Korb neben dem Zeitungsstapel holt er eine Zeichnung. Sie erinnert an den ersten Rohentwurf eines Architekten für ein futuristisches Haus – sich überkreuzende Pfeiler, Buchstaben, zylindrisch geformte Symbole, unzusammenhängende Ziffern. Zu Anfang kapiere ich das Bild nicht, das doch den Bunker darstellt, in dem sie gewohnt und gearbeitet haben, doch langsam geht mir auf, dass so eine kleine Hölle aussieht.

Vegard erklärt mir, dass sie sich in einem Kammersystem auf einer Fläche von achtzehn Quadratmetern bewegt haben. Dusche, Toilette, Ruheraum, alles war eins. Diese Kammer wurde auf einhundertvierzig Meter Tiefe abgesenkt. Dort zogen sie die Taucheranzüge an, kontrollierten die Ausrüstung, redeten. Und warteten.

»Die Stille war das Schlimmste. Warten und denken. Dann grünes Licht und runter ins Wasser. Vier Stunden im Wasser. Dann wieder in die Kammer. Neue Schicht. Wieder runter. Vier Stunden.«

Er fängt an, nach etwas zu suchen. Unter dem Sofa findet er ein paar stark abgenutzte Hausschuhe, die er aneinanderklopft.

»Die habe ich jetzt schon über fünfzehn Jahre. Gehen niemals kaputt. Echtes Schaffell.«

»Achtzehn Quadratmeter?«

»Mit anderen vierundzwanzig Stunden am Tag eine Zelle zu teilen ist eine zu große Belastung für die Psyche, denn die Psyche braucht auch einmal Zeit für sich allein. Wir waren drei Wochen lang Auge in Auge auf achtzehn Quadratmeter eingesperrt. Und dabei hatten wir noch nicht einmal etwas Ungesetzliches getan. Im Gegenteil, wir waren schließlich die Helden der Nation, arbeiteten rund um die Uhr, neue Bohrinseln wurden errichtet, das Geld strömte rein.«

Er macht eine Ledertasche auf, die auf dem Sofa liegt, scheint darin aber nicht nach etwas zu suchen. Die Goldgräberexistenz der Nordseetaucher blieb der Nation unbekannt, hingegen hörten wir von den Bekannten von Bekannten Geschichten über die Feste an Land und die Besessenheit beim Arbeiten und Geldverdienen. Viele der Taucher arbeiteten noch zusätzlich bei privaten Unternehmen, um noch mehr zu verdienen, und das verkürzte die Erholungszeiten an Land. Die Ölfirmen ließen sie nach ihren eigenen Bedürfnissen arbeiten, das Öl könnte ausgehen, lasst uns alles finden, was zu finden geht, ehe der Hahn wieder zu ist. Die Nordseetaucher waren Gold wert, denn sie waren die Verbindung zwischen dem Öl und dem Hahn. Wir erfuhren nie, was sie taten und wie. Die Romantik ersetzte die Wirklichkeit, die Ölfirmen trugen mit Anekdoten zu dem Bild von dem Nordseevolk bei, das an Kopf und Körper stärker ist als gewöhnliche Norweger, sie waren die Cowboys unter Wasser.

Vegard räuspert sich, geht ins Badezimmer, spuckt, spült. Er kommt wieder ins Zimmer, presst den Zeigefinger auf die Stirn und setzt sich aufs Sofa. Er nimmt ein Tabakpaket aus der Ledertasche. Den Tabak hat er durch Gras ersetzt, das er in fünf Streifen teilt, alle gleich dick und gleich lang.

»Das verdammte Warten. Funktioniert alles so, wie es soll? Funktioniert die Kommunikation mit denen da oben? Die Technik war neu, niemand wusste, wie zum Teufel die funktionierte. Plötzlich knallte sie wegen eines Systemfehlers durch. Kondenswasser und Öl liefen in die Tauchermaske, so dass ich Gas und allen möglichen anderen Scheiß atmen musste. Ständig passierte irgendetwas. Aber das wurde totgeschwiegen. Für deinen eigenen Körper bist du selbst verantwortlich, hieß es.«

Er legt einen Streifen Gras auf die Handfläche und zerkrümelt es mit den Fingern.

»Besonders entwürdigend war, wenn man bei einem Tauchgang scheißen musste, mitten bei der Arbeit, was ja daran lag, dass wir immer weniger schliefen, Öl und Gas einatmeten und schlechtes Essen aßen. Früher oder später musste man den Körper mal ausleeren. Da war man gezwungen, in die Taucherglocke zurückzukehren und dann im Grunde über einem Kollegen zu liegen, der sich gerade ausruhte, während man den Darm entleerte. Erst in den Neunzigerjahren durfte man in die Glocke zurückkehren, um Wasser zu trinken. Der Sauerstoffgehalt liegt ja weit unter dem Normalen, so dass einem schwindelig wurde und man einen trockenen Mund bekam. Nach vier Stunden im Wasser tauschten wir. Jetzt durften wir, die wir im Wasser gewesen waren, in der Glocke sitzen und den Druck, die Schläuche, die Sensoren und den Sauerstoff der Kollegen überprüfen. Ich hatte furchtbare Angst, nicht um mein Leben, sondern um das der Kollegen.«

Er nimmt einen neuen Streifen und macht dieselben Bewegungen mit den Fingern.

»Ein paar von uns hatten plötzlich Probleme mit dem Sehen. Die Muskeln schmerzten. Gleichgewichtsprobleme. Und dann der Schlaf. Hab nie geschlafen. Von allen körperlichen Erschöpfungszuständen ist Schlafmangel am schlimmsten. Zum Teufel, habe völlig vergessen, wie es ist, eine ganze Nacht zu schlafen.«

Er nimmt den letzten Streifen Gras und drückt ihn in die Handfläche. Seine Hände zittern jetzt weniger, der Zustand scheint zu schwanken.

»Ein paar haben angefangen, zu viel zu trinken. Um wenigstens ein paar Stunden schlafen zu können. Andere haben von Konzentrationsschwierigkeiten erzählt. Wir waren sicher, dass das nur vorübergehend wäre. Der Staat und die Ölfirmen kannten schließlich unsere Arbeitssituation und sorgten sich um unsere Gesundheit. Sie würden uns niemals da runterschicken, wenn das medizinisch riskant wäre. Glaubten wir.«

Er lacht, legt das Gras auf den Tisch und reicht mir die Schüssel mit Trockenfisch. Ich nehme ein paar Stücke, die ich im Mund zergehen lasse.

»Es gab schließlich medizinische Berichte. Es gab alles. Verdammt, natürlich war das schädlich. Aber das Profitdenken ging über alles, und man tat, was man konnte, um zu verhindern, dass jemand da drin herumwühlte. Die Ölfirmen waren besonders gut darin, die Medien zu bestechen, und das war noch nicht mal besonders schwer, weil die norwegische Journalistenzunft niemals auf die Idee kam, zwischen den Zeilen lesen zu wollen. Sie unternahmen keine eigenen Recherchen. Selbst auf Ministerebene wurde es dunkel, wenn es darum ging, Probleme und Nachprüfungen zu vermeiden, jetzt, da die Suche nach dem Öl so besonders lukrativ für das Land war.«

Vegard geht wieder in die Küche, sucht in einem Schrank nach etwas, aus dem Wohnwagenteil ist das Geräusch von Gläsern zu hören. Als er zurückkommt, stellt er eine halbvolle Flasche Løitens Aquavit auf den Tisch.

»Wenn du das nächste Mal kommst, dann bring doch ein paar Gläser von Ikea mit. Ich begreife nicht, wie die anderen kaputtgehen konnten. Wenn sie überhaupt kaputtgegangen sind. Jedenfalls sind sie weg.«

Er hebt die Flasche hoch, sieht sie an, schüttelt sie, hält sie in den Händen.

»Thorbjørn war der Erste, der sich das Leben nahm. Er kam nicht mehr damit klar, an Land zu sein. Wir erfuhren es hundert Meter unter der Wasseroberfläche. Thorbjørn hat ausgetaucht, sagten sie. Sie meinten, er habe ein instabiles Privatleben gehabt. Dann folgten Roar, Peter, Gunnar, Thor.

Zweiundzwanzig nahmen sich das Leben. Starke Männer brachen zusammen. Krankschreibungen, Alkoholismus, Drogen. Scheidungen. Sie sagten, die Selbstmorde hätten nichts mit der Arbeit zu tun. Eine klare Mehrheit der

Selbstmorde wäre an Land nach Abschluss der Dienstzeit geschehen. Die Ölfirma und ihre Freunde träfe somit keine Schuld an dem Ganzen.«

Er stopft das Gras in einen abgeschnittenen Schnorchel, der sich damit in eine perfekte Pfeife verwandelt.

»Gase und Chemikalien, vermischt mit Alkohol und Tabak und Tabletten. Nicht einmal das brachte uns zum Schlafen. Stattdessen wurden wir verrückt, prügelten uns in Bars, feierten rund um die Uhr. Dann zurück in die Kammer – vier Stunden im Wasser, vier draußen.«

Er gibt mir noch ein paar Stücke Trockenfisch und prüft das Gras mit dem einen Finger.

»Ich habe eine Frau kennengelernt. Eva. Sie hat mich zum Arzt geschickt. Der hat gesagt, es würde vorbeigehen. Er hat auch keinen Zusammenhang gesehen. Niemand in diesem Land hat einen Zusammenhang gesehen – dreiundzwanzig Selbstmorde, sechsundachtzig Todesfälle, eine große Anzahl Krankgeschriebene und Frühpensionierte. Kein Zusammenhang.«

Ich frage ihn nach Eva, und er erzählt, sie habe versprochen zu warten, bis er an Land käme, doch als er dann irgendwann kam, war sie schon mit einem anderen gegangen.

»Ein paar von den gesünderen Kollegen haben in den vergangenen Jahren nonstop gearbeitet, um für uns eine Entschädigung vom Staat zu erwirken.«

»Bist du auch in dem Prozess dabei?«

Er lächelt mich an, ohne den Mund zu öffnen.

»Mein Alter wurde krank, und als er starb, bin ich wieder hier raufgezogen. Meine Tante hat mir beigebracht, wie man den perfekten Trockenfisch macht. Wenn die Markttage in Stamsund waren, habe ich eine Tüte mitgenommen und schwarz verkauft. So kam eins zum anderen.«

»Dein Trockenfisch ist schon legendär.«

»Ich habe nie zu verbergen versucht, dass ich schwarz verkaufe. Habe auch nie irgendeine Hilfe oder Entschuldigung vom Staat erhalten. Sie haben mir eine Frührente angeboten, aber das war eher ein Hohn. Die Polizei in Leknes weiß, wie ich denke. Manchmal müssen sie sich trotzdem mit dem Volvo und den Nummernschildern beschäftigen, aber meistens sehen sie einfach weg. Das ... das Einzige, das ich begehre, ist, mal fünf Stunden am Stück schlafen zu können ...«

Er zündet einen frisch gerollten Joint an, beugt sich über den Tisch, zieht, lässt den Rauch die Lungen füllen.

»Die halben Lofoten werden jetzt von neureichen Norwegern aufgekauft, die eine Krabbe nicht von einem Krebs unterscheiden können und die hochachtungsvoll darauf scheißen, wie dieses arme Land zu einem der reichsten der Welt geworden ist. Sie wollen aus den Lofoten ein niedliches Fischermuseum machen, zumindest den Sommer über, was den Winter betrifft, können sie nicht begreifen, wie man hier freiwillig wohnen kann. Man kauft das Niedliche für sein Geld, nicht die Wirklichkeit.«

Er nimmt noch einen Zug und lässt den Joint zwischen den Fingern ruhen, die fast nicht mehr zittern. Er spricht langsamer, die Augenlider sind schwerer geworden, der Körper entspannt sich. Er gibt mir den Joint, ich nehme ihn entgegen. Wir prosten uns ein bisschen mit dem Joint zu. Er schraubt die Aquavitflasche auf, gießt das Ikea-Trinkglas voll und reicht es mir. Er nimmt immer tiefere Züge, immer langsamer. Ich schneide ein Stück getrocknete Steinforelle ab und bade es in sehr gutem Aquavit. Er zeigt auf das Bild, das hinter mir an der Wand hängt.

»Verdammt, was habe ich Thorbjørn bewundert. Sieht er nicht aus wie Daniel Day-Lewis?«

Ich weise darauf hin, dass ich anderer Meinung bin, doch er scheint mich nicht zu hören. Der Joint, der Trockenfisch und der Aquavit machen mich unkonzentriert, aber erstaunlich klar. Vegard betrachtet weiterhin das Bild hinter mir und nimmt gleichzeitig tiefe Züge von dem Joint. Er nimmt ein Stück Trockenfisch, gießt noch mehr Aquavit ins Glas. Er betrachtet mich lange, das eine Auge ist fast geschlossen, er murmelt lächelnd:

»Daniel Day-Lewis ... und ein seekranker Teufel ...«

Auf dem Tisch vor mir steht eine fast leere Flasche Løitens Aquavit, neben der Flasche liegen Reste vom Delikatess-Trockenfisch. Neben den Fischresten liegt ein Schnorchel mit altem Gras darin, der Aschenbecher ist voller ausgedrückter Joints und abgebrannter Streichhölzer. Es ist schweinekalt im Zimmer.

Ich stehe auf, mir ist schwindelig, der Kopf ist von Motorsägen besetzt worden, die im Leerlauf brummen, jede Bewegung tut weh. In der Küche trinke ich eine Flasche Leichtbier, was die Laune des Körpers sogleich verbessert. Ehe ich den Kopf ins Meerwasser tauche, setze ich Kaffee auf. Ja, ich werde den Vortrag dieses Tages in Malmö wohl verpassen.

In der Fischerhütte ist es still, nur das Geräusch der Kaffeemaschine deutet darauf hin, dass Menschen im Haus sind. Ich schmiere ein paar Brote mit Ziegenkäse und roter Paprika und gieße den Kaffee in eine Thermoskanne, die ich auf den Sofatisch stelle. Neben die Thermoskanne lege ich einen Tausender als Dank für ein Kilo Trockenfisch, und auf ein Stück Papier schreibe ich meinen Namen und meine Telefonnummer. Dann gehe ich hinauf zu Vegard. Er schläft in fast fötaler Lage in der Hängematte, das Fenster ist halb geöffnet. Ich schließe das Fenster, lege vorsichtig das Schaffell um seinen Rücken und ziehe leise die Tür zu, als ich das Haus verlasse. Mit meinem Handy mache ich ein Foto von seinem gelbbraunen Volvo 145, dann setze ich mich in mein Mietauto und fahre sehr langsam davon. Im Rückspiegel sehe ich Vegards Wohnwagenfischerhütte und den kleinen Schuppen, in dem er seinen Trockenfisch zubereitet. Ich öffne das Fenster, höre die Möwen und die Wellen, der berüchtigte Nordwest kühlt mir die Stirn. In der Ferne meine ich, ein Flugzeug landen zu sehen.

Nach dem Takeoff von Leknes lehne ich mich im Sessel zurück und blicke aufs Meer hinab, ich sehe die Lofoten unter mir verschwinden, im Osten taucht das Festland auf. Ich falle fast sofort in tiefen Schlaf. Als ich nur wenige Minuten später vom Steward geweckt werde, der mich fragt, ob ich Kaffee und Blaubeermuffins möchte, ist mir, als hätte ich mehrere Stunden geschlafen.

Ich sehe auf das hinab, das vor nicht allzu langer Zeit ein armes Land war, in dem zu leben nicht viele sich vorstellen konnten. Dasselbe Land, das heute die leibhaftige Werbung für moderne Infrastruktur, einzigartige Offshore-Technik, sprudelnde Bohrinseln, Wohlfahrt und Reichtum ist. Gemessen an den Richtlinien der UNO ist das Land zu dem geworden, in dem man auf der ganzen Welt am besten leben kann.

Ich nehme die größte Zeitung des Landes. Auf der ersten Seite ist ein pickliger zweiundzwanzigjähriger norwegischer Vielfachmillionär zu sehen. »Ein norwegischer Held«, schreit mir die Headline entgegen. Der junge Skilangläufer sieht weltgewandt und aufgeblasen in die Kamera. Sein gestrickter Nationalmannschaftspullover ist von Werbelogos bedeckt, alle wollen auf und zusammen mit dem Zweiundzwanzigjährigen gesehen werden. Der beste Platz ist auf den Schultern, die sind am besten zu sehen, bringen das meiste, kosten das meiste.

Statoil hat beide Schultern belegt.

Mir wird noch mehr Kaffee gebracht, wieder Blaubeermuffins, und ich lese die Zeitung, doch die Motorsäge im Kopf werde ich nicht los. Der Geschmack von Trockenfisch, Gras und Aquavit nimmt langsam ab, aber die Motorsäge ist noch da. Die gibt nicht auf. Ein sturer Hund.

Im Jahr 2008 verklagten 19 Nordseetaucher den norwegischen Staat. Sie forderten Entschädigung und kostenfreie medizinische Behandlung, der Gesamtbetrag belief sich auf 276,6 Millionen Norwegische Kronen.

Im September 2008 verfügte das Landgericht in Oslo, dass der Staat keine Entschädigungspflicht für die 19 Nordseetaucher habe. »Der Staat ist sowohl aus objektivem wie aus subjektivem Grund freigesprochen. Es sind keine Verstöße gegen die Menschenrechte begangen worden.«

Der norwegische Staat wurde freigesprochen, weil die Nordseetaucher in der Zeit von 1964–2004 auch für verschiedene Privatunternehmen arbeiteten. Später hat man dann eine gewisse moralische und politische Verantwortung übernommen und einigen Tauchern eine Entschädigung von 200 000 bis 2,5 Millionen Norwegischen Kronen angeboten.

Was hast du vor einer Viertelstunde gemacht?

Osnabrück, Deutschland

Das Nachgespräch zieht sich hin, ich verpasse den letzten ICE von Osnabrück nach Hamburg. Aber ich habe es nicht eilig und bin in gewisser Hinsicht so frei, wie man es innerhalb eines Zeitrahmens von zwölf Stunden sein kann. Also beschließe ich, einen der ersten Züge am Morgen zu nehmen, und behalte das Hotelzimmer noch eine weitere Nacht. Ich lege mich aufs Bett, schließe die Augen und versuche, nichts zu denken. Nach drei Stunden auf der Bühne will der Kopf schlafen, aber der Körper will rennen. Einschlafen ist unmöglich. Wenn ich nur im Bett liege und auf einen schwarzen Fernsehschirm blicke, dann ruft das Angst hervor, also entscheide ich mich für einen langen Stadtspaziergang, um mich runterzufahren, indem ich an nichts denke. Und dann ein Weizen in der Kneipe zwischen Krahnstraße und Domhof.

Vor der Kneipe fährt ein Taxi etwas zu nah an mir vorbei, und ich habe nicht übel Lust, den Taxifahrer darauf aufmerksam zu machen, spare mir aber stattdessen mein Deutsch für das wichtige Treffen morgen in Hamburg auf. Ein etwas schüchtern lächelndes Paar steigt aus dem Taxi – er in unauffälligem Anzug, sie in einem eleganten Kleid. Der Mann sieht jemandem ähnlich, den ich kenne oder gekannt habe. In diesem Moment erinnere ich mich nicht daran, wer das sein könnte, das wird mir erst ein paar Stunden später, bei Tempo zweihundertdreißig in einem Zug, einfallen. Er ähnelt der Person, die mir nicht einfallen will, und er hat dieselbe Art Haare, dunkel und struppig, unmöglich zu kämmen. Er wirkt schüchtern, die Frau ein wenig bestimmter. Sie legt sich einen dunkelblauen Mantel über die Schultern, und ich öffne ihnen im Reflex die Tür. Der Mann sieht mich an, lächelt unsicher. Es ist kurz vor zwölf Uhr nachts vor einer Kneipe in Osnabrück in Deutschland, und ich habe soeben einem Mann und einer Frau, die entweder sehr nahe Freunde sind oder auf dem Weg, ein Paar zu werden, die Tür aufgehalten.

In der Kneipe sind erstaunlich viele Leute, eine Gruppe steht an der Bar und redet mit dem Barkeeper. Im Lokal sind all die üblichen Gruppen zu finden, von den obligatorischen rotnasigen Stammgästen und dem Paar im Taxi bis hin zu der Gruppe Steuerberater beim *after work* und der Motorradgang *without work*. Es herrscht eine gedämpfte Atmosphäre, im Hintergrund ist leise Musik zu hören, während auf dem kleinen Fernseher ein wichtiges Bundesligaspiel läuft. Zwei bullige Männer mit rasierten Schädeln und grauen Bärten betreten die Kneipe und setzen sich an den Tisch ganz hinten in der Ecke. Als sie an mir vorbeigehen, legt sich der Geruch aus ihren Achseln wie eine Stinkbombe auf mich.

Ich finde einen Barhocker ganz in West an der Bar, gleich neben dem Zigarettenautomaten. Ich lege meine Jacke auf den Stuhl und begebe mich ganz nach Ost am Tresen, wo sich eine kleinere Schlange gebildet hat. Der Barkeeper ist, wenn er mal den Blick vom Bundesligaspiel wendet, nett, hilfsbereit, schnell und effektiv. Das Spiel ist eine Wiederholung, und es fällt mir schwer einzusehen, was das Tolle daran ist, ein Spiel zu sehen, dessen Ausgang man schon kennt. Und ein noch größeres Rätsel ist mir, wie sich die Leute derart hundertprozentig auf ein Spiel konzentrieren können, das die Wiederholung eines 0:0 darstellt. Sie warten also alle darauf, dass absolut nichts geschehen wird.

Das Paar vom Taxi hat sich bereits ganz in Ost an die Bar gestellt. Ich kann sie in der Schlange miteinander reden hören. Sie scheinen sich im Verlauf des Abends, auf einem Fest oder bei einem Essen, kennengelernt zu haben.

»Was möchtest du trinken?«, fragt er.

»Ein Glas Rotwein, bitte. Und du?«

»Rotwein. Rotwein. Rotwein. Rotwein«, wiederholt er viermal.

»Natürlich.«

»Natürlich.«

»Den vom Haus?«, fragt der Barkeeper.

»Vom Haus, vom Haus, vom Haus, vom Haus«, antwortet der Mann.

Als ich wieder an meinem Platz sitze, beobachte ich, wie die Leute kommen und gehen, die Gespräche plätschern, keine lauten Stimmen, kein unterdrückter Streit. Das Bundesligaspiel zwischen Schalke 04 und dem Hamburger SV nähert sich dem Ende, für diejenigen, die bereits die Direktübertragung gesehen haben, zum zweiten Mal an diesem Tag. Ich beobachte das Paar, das lächelt und flirtet, sie scheinen es nett miteinander zu haben. Natürlich bemerke ich, dass sich der Mann zwischendurch räuspert und sich wiederholt, zuckt und rasche Bewegungen macht. Mit den Wörtern scheint er keine Probleme zu haben, die meisten findet er leicht, aber es fällt ihm schwer, die innere Energie im Griff zu behalten. Doch die Frau scheint seine Energie am Boden zu halten, zumindest auf dem Barhocker, auf dem er jetzt sitzt und ihr zuhört, während das linke Bein zwischen Barhocker und Boden springt, was die Frau nicht bemerkt, weil er so geschickt darin ist, es zu verbergen. Seine Art, die Energie zu verbergen, scheint ebenso natürlich für ihn zu sein, wie es für sie natürlich ist, das Weinglas an den Mund zu heben, ohne auch nur im Entferntesten daran zu denken, dass sie es verschütten könnte.

Dann.

Betreten zwei Männer die Kneipe, die mit den rasierten Schädeln hinten in der Ecke verwandt zu sein scheinen. Doch die hier sind bulliger, knallen die Tür zu, machen Lärm, machen eine Show daraus, dass sie Lärm machen. Sie sind auch größer, fetter und wuchtiger, und sie tragen eine Art Schal um den rasierten Schädel. Im Lokal verbreitet sich Unbehagen, die Leute gucken hin, ohne zu gucken. Die beiden Rasierten sind sich ihrer Macht über die Kneipe bewusst, sogar der Barkeeper wendet den Blick vom Bundesligaspiel und gibt ihnen sofort, was sie begehren: drei Tuborg Export. Das Naturgesetz – groß und stark siegt über klein und schwach – gilt auch in Osnabrück. Die entspannte Stimmung in der Kneipe ist einer angestrengten Nervosität unter den Gästen gewichen. Einige gehen, andere reden weiter und tun so, als wäre nichts. Die beiden Männer fangen an, die Flaschen auf den Tisch zu knallen und laut »Bayern München« zu brüllen. Einer von ihnen spritzt Bier auf einen Gast und in den Ausschnitt seiner Begleiterin, doch der lächerlich gemachte Mann lächelt bloß. In der Hoffnung, dadurch weiteren Belästigungen zu entgehen, wählt er die totale Erniedrigung anstelle von demonstrativer Verärgerung. Als der andere Rasierte fragt, ob sich das schön angefühlt hätte, lächelt der Mann, ja, und die Frau auch. Und ich kann dem Lächeln der Frau ansehen, dass sie den Mann später an diesem Abend an die Wand drücken und schreien wird: »Warum hast du nichts gemacht, du feiger ...«

Der erste Rasierte fängt jetzt auch an, seine Bierflasche zu schütteln. Der Barkeeper bittet sie, sich hinzusetzen, was er sofort bereuen darf. Einer der beiden Männer packt ihn am Kragen und sagt sehr sachlich und ruhig, dass er sich setzt, wann, wohin und auf wen er will. Zwei Männer im Anzug stehen jeder mit einem Bier an einen Pfeiler gelehnt, sie heben ihre Gläser, um die brutalen Männer ihrer Zustimmung zu versichern und um ihre eigene Haut zu retten. Plötzlich nimmt einer der beiden Männer einen Hocker, den er hinter dem Rücken der Frau und des Mannes, dem Paar aus dem Taxi, fallen lässt. Er presst seinen Unterleib an das Rückgrat der Frau, und während er noch eine Flasche Bier bestellt, rammelt er auf ihr wie ein Hund. Der andere Rasierte lacht, nimmt dann die Bierflasche und gibt sie seinem Kollegen, der sie wie einen Dildo gegen die Frau hält. Die Frau bittet sie aufzuhören, aber das verschlimmert die Situation nur noch. Sie steht auf, versucht wegzugehen. Ein paar von den Freunden der Rasierten lachen. Alle anderen in der Kneipe tun so, als würden sie nichts sehen, sie trinken und reden einfach weiter. Die beiden Rasierten verlassen die Bühne und gehen langsam zu dem Tisch ganz hinten in der Ecke. Die Frau setzt sich wieder, hochrot im Gesicht, empört. Ihr schüchterner Freund legt seine Hand auf ihren Rücken, streichelt ihn vorsichtig, scheint zu sagen, dass es ihm leidtut. Die Frau will offensichtlich das Lokal verlassen.

Dann.

Klatscht der schüchterne Mann viermal in die Hände, ohne dass jemand es zu bemerken scheint. Er nimmt eine Zitrone aus der Obstschale auf dem Tresen und zielt sorgfältig auf den einen Rasierten. Dann wirft er die Zitrone sehr bedacht, sie beschreibt einen Bogen und trifft den

Nacken des Mannes. Der Rasierte steht auf, dreht sich langsam um, und noch ehe er fragen kann, wer die Zitrone geworfen hat, hebt der Magere schon seine Hand.

»Ich«, sagt er laut und deutlich. »Ich war es, ich, ich, ich, ich«, fährt er fort.

Die Stimmung in der Kneipe verwandelt sich von gedämpfter Unsicherheit in schweigendes Unbehagen. Weil wir ja schon wissen, was der Rasierte jetzt tun wird, konzentrieren wir uns auf den Mageren. Alle wissen, was jetzt passieren wird, selbst der Magere. Die Rasierten sehen sich um, und für den Mageren gibt es kein Zurück. Das ist ihm auch klar, denn er fängt mitten in dem Schweigen an zu reden, laut und deutlich, und direkt an die Rasierten gewandt, die jetzt mitten im Raum stehen.

»Ich habe eine Frage, und zwar an Sie beide. Es ist ganz gleich, wer von Ihnen antwortet. Sind nicht Sie zwei von drei Hauptrednern auf der Naturwissenschaftlichen Messe in Frankfurt, unter dem Programmpunkt ›Affen gegen Menschen‹, wo man also ein Affengehirn mit einem Menschengehirn vergleicht? Sind Sie nicht zwei von den Hauptrednern der Affenabteilung des Kongresses? Da Sie sich beide wie übergewichtige rasierte Gorillas benehmen, müssten Sie eigentlich zur Affenabteilung …«

Einige im Publikum können ein Lachen nicht unterdrücken.

»Was zum Teufel redest du?«, fragt einer der Rasierten.

»Ja, genau«, fährt der Magere fort. »Affen, und vor allem der Gorillaanteil der Gruppe der Affen, hören schlechter als der Mensch.«

Der eine Rasierte geht zu dem Mageren und sagt:
»Lass mich ihn fertigmachen.«

»Sie hat gesagt, dass sie Ihren Übergriff nicht schätzte, aber, wie gesagt, das Affenhirn hört nicht, versteht nicht, kann nicht, es macht einfach nur weiter, weiter, weiter ...«, sagt der Magere.

»Du verdammter Psycho«, stöhnt der andere Rasierte, aber der Magere redet nur weiter:

»Weil Sie zum Gorillaanteil gehören, sind Sie zu dumm, um zu argumentieren, also werden Sie mich in Kürze schlagen. Und ich werde recht behalten, 1:0 für mich. Ganz gleich also, ob Sie mich töten oder nicht, werden alle in diesem Raum hier wissen, dass ich recht habe, Sie werden immer falschliegen, weil Sie nicht zwischen richtig und falsch, zwischen Frau und Mann, zwischen Schwein und Wildschwein unterscheiden können ...«

Einer der Rasierten geht jetzt auf den Mageren zu, der Barkeeper bittet sie aufzuhören, wir anderen im Lokal sind mucksmäuschenstill, passive Statisten im Geschehen, die Frau versucht ihren Freund aufzuhalten, doch er sieht unüberwindlich aus. Er beugt sich dem Rasierten entgegen und sagt triumphierend und auffordernd:

»Schlag nur, zeig uns, dass du den Namen Gorilla verdienst, komm schon, schlag doch ...«

Und der Gorilla schlägt. Fest.

Der Magere fällt hintenüber, schlägt sich den Kopf am Bartresen an und landet auf dem Boden. Doch er gibt nicht auf, rappelt sich hoch und macht weiter:

»Ein Applaus für den Gorilla«, (er applaudiert), »schlag doch, schlag doch, schlag doch, schlag doch«, wiederholt er und hält dem Schläger die andere Wange hin.

Der Rasierte schlägt wieder zu und trifft diesmal den Kiefer des Mageren.

Die Gäste sind schockiert, einige verlassen das Lokal, die Frau weint, der Barkeeper erhebt die Stimme und nimmt den Hörer ab:

»Dann rufe ich jetzt die Polizei an.«

Die zwei rasierten Männer rennen aus der Kneipe und lassen den Mageren auf dem Fußboden zwischen Flaschen, einer Zitrone und ein paar Biergläsern, auf denen »Weißbier« steht, liegen. Er steht langsam auf, blutet aus Nase und Mund und folgt ihnen auf die Straße hinaus und ruft ihnen unzusammenhängende Worte nach. Die Frau eilt ihm hinterher, und ich auch. Draußen auf der Straße stehen die beiden Rasierten und warten auf ihn, jeder hat eine Fahrradkette in der Hand.

»Bitte …«, fleht die Frau ihren schüchternen, blutenden Freund an.

Ihre Worte lassen ihn innehalten.

»Du bist tot«, sagt einer der beiden Rasierten.

In diesem Augenblick taucht die Polizei auf, und die beiden Gorillas verschwinden im Osnabrücker Dunkel.

Die Polizisten drücken den Mageren an die Wand und legen ihm Handschellen an. Er blutet immer noch aus dem Mund.

»Es war aber nicht seine Schuld«, ist das Einzige, was ich hervorbringen kann, ehe mich die Polizisten bitten, in die Kneipe zu gehen und die Klappe zu halten.

Die Gäste sind aufgeregt, reden miteinander, analysieren, diskutieren. Ich setze mich auf meinen Platz am westlichen Ende der Bar. Da geht die Tür auf, und der Mann kommt zusammen mit den Polizisten herein. Er wird mit Applaus begrüßt, scheint ihn aber nicht wahrzunehmen. Er sieht sich im Lokal um und sagt mit aufgesprungener Lippe und kaputt geschlagenen Zähnen laut und deutlich:

»Wo waren Sie vor einer Viertelstunde?«

Der Applaus geht in ein peinlich berührtes Gemurmel über. Alle wissen die Antwort auf die Frage, und niemand will wissen, wem er sie stellt. Er geht zu den beiden Bier trinkenden Herren im Anzug am Pfeiler, die noch vor wenigen Minuten gemeinsam mit den zwei rasierten Männern gelacht haben.

»Ihr feigen kleinen …«

Die Polizisten greifen ihn, ehe er den Satz beenden kann, und die zwei Anzugtypen verlassen eilig die Kneipe. Die Frau lehnt sich über den Tresen, als würde sie zu verstehen versuchen, was da eben passiert ist, dann hilft sie einem der Polizisten, das Blut aus dem Gesicht des Mageren zu wischen.

»Der Ring hat meine Lippe getroffen«, sagt er zu einem der Polizisten und lächelt. Ehe er geht, beugt er sich herab und nimmt sein Handy auf. Als er sich aufrichtet, sieht er mich unter den dunklen, zerzausten und ungekämmten Haaren an, die jetzt fast sein ganzes Gesicht verstecken. Ich weiß, dass ich ihm danken, mich für meine Feigheit entschuldigen und seinen Mut loben sollte. Doch das Gefühl bleibt im Bauch stecken.

Die Gäste interessieren sich jetzt nicht mehr für Bier oder Wein, die meisten verlassen das Lokal, alle gleichermaßen mit dem Schwanz zwischen den Beinen. Ich bestelle ein Weißbier, das ich in einem Zug leere, und bestelle dann noch eins. Der Barkeeper richtet die Fernbedienung auf den Fernsehapparat an der Wand, er will die Kommentare der Bundesliga-Expertenrunde hören. In der Wiederholung.

Ein paar Stunden später sitze ich mit einem anwachsenden Gefühl von Müdigkeit in den Knochen bei zweihundertdreißig Stundenkilometern im ICE 112 nach Hamburg. Die Ursache für die Müdigkeit sind zehn Reisetage und vier Weißbier, und ich muss an die Schlägerei in der Kneipe denken, und an den mageren Mann und die Frau. Was ist wohl danach geschehen? Ist er im Krankenhaus, was sagt die Polizei, der Arzt, die Frau? Die Frau, die jetzt in den letzten mageren Ritter verliebt ist, der aufsteht und sich wehrt, obwohl er genau weiß, dass er verprügelt werden wird. Er wird verprügelt, aber er wird um ihretwillen an seiner Überzeugung und seiner Moral festhalten. Ein Idiot und ein Held zugleich. Wenn er körperlich stärker gewesen wäre als die Gorillas, hätte sich die Frau von ihm nicht angezogen gefühlt, sondern wäre ihm lediglich zu Dank verpflichtet.

Ich spüre, wie sich die Feigheit in mir ausbreitet. Der Mut ist in der Magenregion geparkt und bleibt als Theorie, nicht als Tat dort sitzen. Welchen Wert hat ein solcher Mut?

Wo waren Sie vor einer Viertelstunde?

Was hat er in der Sekunde, ehe er die Zitrone geworfen hat, gedacht? Er hat den Mut von Theorie in Praxis umgewandelt, ohne Vor- und Nachteile abzuwägen. Das ist es wohl, was den Ritter vom Fußvolk unterscheidet, den Künstler vom Mittelmaß. Ich habe nichts getan. Meine Schwäche, mein Mangel an intuitivem Handeln, die Trägheit, die Feigheit, der kleine Schweinehund in mir hat das letzte Wort behalten. Wieder einmal.

Ich bin gerade im Begriff, im ICE nach Hamburg einzuschlafen, als Per auftaucht. Ich erinnere mich nicht an seinen Nachnamen, aber Per reicht. So hieß der Junge, an den mich der magere Mann in der Kneipe erinnert hat. Die gleichen langen dunklen Haare, die gebeugte Körperhaltung, der scheue, ausweichende Blick. Er ging auf dem Gymnasium in meine Parallelklasse. Ich erinnere mich nicht mehr an viel aus der Zeit, doch an ihn erinnere ich mich. Per war anders. Er ging immer für sich allein herum, die eine Hand dicht an der linken Seite, den Kopf gebeugt, mit zusammengekniffenen Augen. Per zeichnete, skizzierte und malte, und alle waren sich einig, dass er sehr begabt sei.

Per wartete immer an der Landesstraße 17 auf grader Strecke direkt an der Fahrbahn auf den Schulbus. Zusammen mit seiner Mutter und seiner schönen Schwester wohnte er in einem kleinen roten Haus. Man konnte Per da an der Straße kaum erkennen, seine dunkle Gestalt floss mit dem Wald und dem regennassen Asphalt zusammen. Es geschah ganz oft, dass der Busfahrer vergaß, an Pers Haus zu halten, als ob es eine Überraschung wäre, dass er da stand, wo er doch immer stand. Wenn der Busfahrer Per einmal bemerkte, dann stieg dieser schnell und mit gesenktem Kopf in den Bus. Im Bus wurde oft mit Papierfliegern geworfen, und aus irgendeinem Grund trafen die immer Per, sein Haar schien die Papierflieger anzuziehen, als handele es sich dabei um den Tower von Heathrow. Doch er reagierte niemals auf den Flugverkehr um seinen Kopf, er saß einfach mit gesenktem Blick da. Auf dem Schoß hatte er seine Zeichnungen.

Einmal war der Bus voll, und Per setzte sich neben mich. Sonst saß Per niemals neben jemandem, und ich hatte das Gefühl, etwas sagen zu müssen.

»Warum zum Teufel hast du denn den naturwissenschaftlichen Zweig genommen, wo du doch Künstler wirst?«, fragte ich.

Er sah mich lange unter der Haartolle heraus an, ich lächelte ihn an. In dem Augenblick wurde Pers Kopf von einem Papiercharterflugzeug getroffen, das abgelenkt wurde und direkt in meine linke Wange abstürzte. Ich war sofort wütend, ging in den hinteren Teil des Busses, machte den Idioten vom Høylandet ausfindig, der das Ding geworfen hatte, und drückte ihm das Flugzeug so lange und so tief in die Fresse, dass er fast erstickte. Es landeten nie wieder irgendwelche Papierflugzeuge in meiner Nähe. Aber ich habe auch Per nie wieder im Bus gesehen.

Das zweite Mal, dass ich einen irgendwie gearteten Kontakt zu Per hatte, war während einer Pause im Flur. Der Mathematiklehrer hatte sich einen Hund, einen Boxer, gekauft. Ein paar Fußballjungs standen um den Lehrer herum, der mit dem vierbeinigen Sabberviech angab. Plötzlich riss sich der Hund los und fing an, in der Schule rumzurennen, von Zimmer zu Zimmer, die Leine hinter sich herziehend. Der Mathematiklehrer wurde von dem Hund erniedrigt, der sich weigerte, seinen Befehlen zu gehorchen, und niemand schaffte es, die Leine zu packen. Per stand wie gewöhnlich in einer Ecke und sah aus dem Fenster. Dann geschah alles ganz schnell – als der Hund an Per vorbeilief, drehte der sich um, warf sich nach vorn und fing mit einem Griff Leine und Hund. Der Hund, der ihn zunächst hinter sich herzog, gab auf, als Per an der Leine ruckte und ihm etwas zumurmelte. Dann legte sich das Tier verschämt neben Per, und es wurde ganz still.

Der Lehrer ging hin und holte den Hund. »Braver Junge, brav, ja.« Zu Per sagte er nichts, würdigte ihn nicht einmal eines Blickes.

Per blieb auf dem Boden liegen. Sein Gesicht blutete. Er sah mich an, ich sah ihn an, er wischte etwas von dem Blut mit seinem Pulloverärmel ab, dann stand er auf, stellte sich wieder ans Fenster, sah hinaus, nichts war geschehen.

Ich denke im ICE zwischen Osnabrück und Hamburg weiter an diese innere Feigheit. Das Einzige, was ich tat, war, Per ein paar Taschentücher zu reichen, die er nicht annahm. Er nickte nur und starrte weiterhin aus dem Fenster. Weiter hinten im Flur hörte ich das Grölen des Mathematiklehrers, das Bellen des Hundes, das unsichere Lachen der Jungs. Ich wollte dem Lehrer nachrufen, sein aufgeblasenes Ego auf den Boden zerren, ihn öffentlich verunglimpfen. Doch die Zitrone habe ich nie geworfen.

Kein Grund zur Sorge

Wolfsgraben, Österreich

Es ist völlig unmöglich, sie während des Vortrags nicht zu bemerken, die Frau im roten Polohemd und mit dem pechschwarzen Haar, ganz rechts außen. Sie sitzt vorgebeugt, die rechte Hand dient ihr als Stativ für das Kinn, das jetzt fast fünfzig Minuten lang in der Hand ruht, die ihrerseits vom Ellenbogen oben gehalten wird, der auf der Armlehne festgeklebt zu sein scheint.

Außerdem trägt die Frau im roten Polohemd und mit dem pechschwarzen Haar viel zu viel Lippenstift, so, als würde sie sich über mich lustig machen wollen, aber ich finde das attraktiv. Ihre Augen sind geöffnet, doch sie sitzt zu weit von der Bühne entfernt, als dass ich beurteilen könnte, ob sie zutiefst fasziniert ist oder ob sie nur mit offenen Augen schläft.

Um zu testen, ob sie auf meiner Seite ist oder auf der von Morpheus, entscheide ich mich für einen klassischen Scherz über Sirup, den meist ziemlich viele im Publikum mögen. Ich mache eine kleine Kunstpause, und dann beginne ich mit dem Sirupmonolog, der ungefähr eine Minute dauert. Einen Augenblick später lacht das Publikum, die Pointe funktioniert, aber die Frau bleibt ernst. Langsam fängt ihre Gegenwart an, mich zu ärgern. Wenn ihr das, was ich sage, nicht gefällt, dann könnte sie doch wenigstens so tun, als würde meine verbale und physische Nähe ihr Freude machen, schließlich scheinen siebenhundert andere diesen sozialen Code auch begriffen zu haben. Die einzige Methode, eine Antwort auf die Frage, ob sie an- oder abwesend ist, zu erhalten, wäre wahrscheinlich, eine kleine Pause einzulegen. Wenn sie danach noch in derselben Position sitzt, gehört sie nicht zu meinen Freundinnen. Doch wenn ich vierzehnhundert Beine sich fünf Minuten lang vertreten lasse, dann dauert das mindestens eine Viertelstunde, und damit würde ich noch mehr wirkungsvolle Redezeit verlieren. Ich finde auf der Bühne nicht wieder zu meinem Rhythmus zurück, die Frau hat meine Aufmerksamkeit auf sich gezogen. Als ich den Vortrag abschließe, sitzt sie in genau derselben Stellung da, wie als ich sie zum ersten Mal sah. Sie verzieht keine Miene, nicht einmal, als ich dem Publikum demonstriere, wie ich als kleiner Junge mit großen Möwen argumentiert habe.

Nach dem Vortrag nehme ich die obligatorischen Blumen entgegen, dazu vier Dankeschön und drei Aufwiedersehen. Ich gehe direkt zu meiner Garderobe, wo ich rasch meine Sachen zusammensuche, die Bühnenstiefel gegen die Alltagsstiefel tausche, um dann den Kongresssaal ebenso aufgedreht wie niedergeschlagen zu verlassen, was das normale Befinden nach drei Stunden als ich selbst alias Mr. Tourette auf der Bühne ist. Die Veranstalter fragen oft, ob ich irgendwelche Wünsche habe, ob es etwas Besonderes in der Gegend gibt, das ich gern sehen würde. Diesmal fragen sie, was ich gern in Wien ansehen würde. Da Wien eine mitteleuropäische Metropole ist, die ich mit großer Wahrscheinlichkeit noch einmal besuchen werde, antworte ich:

»Wolfsgraben.«
»Wolfsgraben?«
»Wolfsgraben.«
»In Wien?«
»In Wolfsgraben.«

Wie man weiß, hat Wien eine fantastische Geschichte mit weltberühmten Gebäuden. Doch die berührt mich nicht, kann mich gefühlsmäßig nicht zufriedenstellen.

Inoffiziellen Gerüchten zufolge sollen die sterblichen Überreste des Komponisten Franz Joseph Haydn eigentlich irgendwo in der Gegend von Wolfsgraben-Pressbaum begraben sein. Nach Haydns Tod im Jahre 1809 dauerte es elf Jahre, ehe seine Gebeine von Wien nach Eisenstadt verbracht wurden, doch in den etwas manischen Haydnkreisen wird diese Tatsache gern in Frage gestellt. Diese Leute behaupten stattdessen, Haydns Grab befände sich bei Wolfsgraben, und nun eröffnet sich mir also die Möglichkeit, diesen Gerüchten an Ort und Stelle auf den Grund zu gehen. Außerdem hat mir eine meiner deutschen Freundinnen verraten, dass sich Orson Welles nach den anstrengenden Dreharbeiten für den Filmklassiker »Der dritte Mann« ausgerechnet in der Gegend von Wolfsgraben erholt haben soll. Angeblich soll eine örtliche Bierstube Welles' Zufluchtsort gewesen sein.

Ich merke, dass mich Wolfsgraben lockt, zumal Joseph Haydn wie auch Orson Welles mich immer berührt haben. Orson Welles umgibt so eine undefinierbare Selbstsicherheit, die mich immer angezogen hat. Wenn ich dringend Anregung brauche oder mich leer fühle, lege ich eine DVD mit Orson Welles ein und lande auf eine schwer erklärbare Weise wieder in mir selbst. Joseph Haydn vermittelt mir dasselbe Gefühl. Seine Impulsivität und Furchtlosigkeit tröstet meine Gedanken, und seine Saufgelage mit Mozart haben ihnen beiden zu gegenseitiger Schaffensfreude verholfen. Haydn war ein Selfmademan, er nahm den Platz ein, den er benötigte, eine Begabung, die sich von den Forderungen des Establishments nach Anpassung nicht einschränken ließ. Haydn vermochte seine Impulsivität in gewissem Maße zu kontrollieren, Mozart hatte keine Ahnung davon, dass sie überhaupt kontrolliert werden müsste.

Sich in das rote Mercedes-Taxi zu setzen, ist, als würde man eine Zeitreise unternehmen. Alles an dem Chauffeur atmet die Achtzigerjahre – der Schnurrbart, die Vokuhila-Frisur, die kurze Lederjacke, die Strähnchen im Haar, die Brille. Zu allem Überfluss heißt er auch noch Fritz, das steht jedenfalls auf seinem Taxischein, der zusammen mit dem Wunderbaum am Rückspiegel baumelt. Der Wunderbaum riecht nach Vanille, doch da sein Verfallsdatum definitiv Geschichte ist, erinnert der Geruch eher an toten Biber als an Vanille, höchstens noch an toten Biber in Vanillesoße. Entweder ist Fritz extrem trendy, oder er ist einfach nur er selbst – ich befürchte Letzteres. Da sein Englisch nicht existent ist und mein Deutsch lange her, schweigen wir uns die dreißig Kilometer durch ein Tal, über drei Brücken und dann durch ein neues Tal an. Nach ungefähr einer Stunde Fahrt auf der A1 fahren wir in ein letztes Tal, Laab im Walde. Fritz nickt, wir sind da, ein paar Kilometer vor Wolfsgraben an der Ecke eines kleineren Friedhofs. Ich sage zu Fritz, dass ich in einer halben Stunde zurück sein werde. Er antwortet nicht, sondern fährt schnell davon.

Es ist erst kurz nach zwölf, das Wetter ist etwas rau, die versprochene Sonne scheint nicht, und in der Luft hängt mit Schnee vermischter Regen. Der Friedhof ist kleiner, als ich erwartet hatte, doch meiner Quelle zufolge soll Haydns Grab irgendwo hier versteckt sein. Eigentlich sollte der Stein, der auf Joseph Haydns letzte Ruhestätte hinweist, leicht zu finden sein, dennoch habe ich das Grab nach einer halben Stunde Suchens immer noch nicht gefunden. Ich frage einen Passanten, doch der Mensch sieht mich nur erstaunt an und antwortet: »*Never heard of him.*«

Ich beschließe, mich nach Wolfsgraben hinein zu begeben und eine Kleinigkeit zu essen, gern in Orson Welles' Bierstube, die in einem so kleinen Ort wirklich leicht zu finden sein müsste. Es sind jetzt siebzig Minuten vergangen, seit Fritz mich verlassen hat, und er ist immer noch nicht zu sehen, deshalb gehe ich zu Fuß los. Ich freue mich darauf, Bekanntschaft mit dem Ort zu machen, mit dem es ja irgendetwas Besonderes auf sich haben muss, da zwei berühmte Persönlichkeiten dort Zuflucht gesucht haben.

Es ist kaum ein Auto auf der Straße, doch sehe ich ein paar Menschen und sogar ein wohlbekanntes rotes Wien-Taxi mit einem nach Vanille duftenden toten Biber an der Windschutzscheibe. Als ich an dem Wagen vorbeigehe, lächelt mich Fritz entwaffnend von dem Taxischein an.

Auf einem Schild steht »Kaffeeteria«. Es sitzen drei, vier Menschen darin, die mir alle freundlich zunicken, als ich das Lokal betrete. Ich bestelle Kaffee und eine Zuckerschnecke, und das wird mir am Tisch mit Blick auf die Straße serviert. Auf einem Zettel, der sich bequem an einen Aschenbecher lehnt, steht »reserviert«, und als ich den Kellner darauf hinweise, dass der Tisch wohl reserviert zu sein scheint, entgegnet er, der Zettel sei vom vorigen Jahr. Dennoch lässt er ihn stehen.

Ich frage den Kellner, ob viele Touristen Haydns Grab aufsuchen. Er sieht erst mich an, dann die anderen, die jetzt zu siebt sind, und sieht dann wieder fragend zu mir. Entweder versteht er mein »Tatort«-Deutsch nicht, oder er weiß nicht, was das Wort »Touristen« bedeutet. Ich entscheide mich dafür, die Frage umzuformulieren:

»Wo liegt Haydns Grab?«

Der Kellner nimmt mich mit auf die Straße hinaus, und seinem Zeigen entnehme ich, dass es mehrere Friedhöfe gibt. Als ich frage, warum, murmelt er etwas vom Krieg, doch scheint ihn sein eigener Monolog sehr schnell zu ermüden, und er fragt stattdessen, ob ich noch eine Zuckerschnecke möchte. Während er ein weiteres Exemplar in der Mikrowelle warm macht, setzt er den abgebrochenen Monolog über die Friedhöfe fort, er berichtet, dass einer von ihnen im Zeichen der Sonne liegt, und dass es schön sei, dort begraben zu sein. Ein weiteres Nachfragen ist nicht von Interesse für ihn, weshalb ich mich mit der Information zufriedengeben muss, dass der Friedhof Wolfsgrabens Antwort auf den Père-Lachaise in Paris sei.

Um halb eins schließt alles im Ort außer dem Café, das dann sein Erscheinungsbild wandelt und zu einer Bar wird. Einige hundert Meter weiter sehe ich das, was einmal Orson Welles' Bierstube gewesen sein muss. Geschlossen. »Reserviert. Heute Abend.«

Ich drücke vorsichtig die Klinke hinunter, und die Tür geht auf. Mindestens zehn Gäste sitzen dort, darunter der Taxifahrer Fritz. Alle scheinen einander zu kennen, doch als ich das Lokal betrete, wird es mucksmäuschenstill.

»Entschuldigen Sie bitte«, sage ich schüchtern und bitte um ein Bier.

Als die Bedienung es mir bringt, frage ich, ob hier Orson Welles gewohnt habe.

»Der Dirigent?«, fragt sie.

»Der Schauspieler.«

Ich schreibe den Namen auf ein Stück Papier:
Orson Welles, Schauspieler. Amerikanisch.
Die Frau nimmt meinen Stift und korrigiert:
Ulrich Welsch, conductor. Tjeckisch.

Fast sogleich begreife ich, dass meine deutsche Freundin offensichtlich Probleme mit ihrer englischen Aussprache hatte. Orson Welles ist Ulrich Welsch. Der Dirigent. Oder vielleicht ist Ulrich Welsch auch Orson Welles. Der Schauspieler. Ich google Ulrich Welsch auf meinem Smartphone, doch gibt es keine Hinweise auf einen Dirigenten. Ich weiß nicht, wer hier wer ist, und bitte dennoch, sehen zu dürfen, wo Orson oder Ulrich wohnte.

Sie nimmt mich mit in den zweiten Stock, an einer Toilette und einer Speisekammer vorbei. Sie öffnet die Tür. Eine Waschküche.

»Hier hat er gewohnt«, sagt sie völlig ohne Ironie.

»Danke«, antworte ich.

»Wollen Sie allein sein?«

»Danke«, antworte ich wieder.

Ich mache ein paar Schritte in die Waschküche hinein und beschließe, dass hier der Schauspieler Orson Welles gewohnt hat und nicht der Dirigent Ulrich Welsch. Dann versuche ich mir vorzustellen, wie Orson Welles es in diesem Raum hatte, denke mir die Handtücher und die Bettwäsche und das Geräusch des Wäschetrockners weg. Ich sehe einen verschlafenen Orson Welles auf dem Sofa zurückgelehnt, die Zigarre im Mundwinkel, mit verstrubbelten Haaren. Er ist ein wenig fett, es ist kalt, er ist allein. Dennoch hat er hier Ruhe gefunden. Was hat er gesehen, wenn er rausschaute? Ich drehe den Kopf und sehe dasselbe, was Orson Welles vermutlich sah: Wäscheleinen.

Da ich am gemeinsamen Abendessen der Konferenz teilnehmen werde, sollte ich bald nach Wien zurückfahren, doch ich beschließe, noch einen letzten Versuch zu unternehmen, Joseph Haydns Grab auf dem anderen Friedhof zu finden, der im Zeichen der Sonne liegt. Ich konzentriere mich zuerst auf die größten Grabsteine, dann auf die höchsten und breitesten und wende mich dann den liegenden zu. Danach suche ich den ganzen Friedhof nach moosbedeckten Erinnerungssteinen ab, wahrscheinlich ist Haydns heimliches Grab eher unscheinbar, als dass es sich in Form einer riesigen Statue erhebt. Doch kein Erfolg. Die Uhr mahnt mich, die Suche aufzugeben. Ich bin enttäuscht, weil ich dem Ziel so nah bin, ohne es doch zu treffen, wenn es nun überhaupt ein Ziel gibt. Bisher hat noch niemand bestätigt, dass Haydns Grab sich wirklich hier befindet, doch nach unbestätigten Quellen soll er eben hier liegen, und ich ziehe immer das Unbestätigte dem Bestätigten vor, weil dann das Leben nicht so langweilig ist.

Es ist halb vier nachmittags, als Fritz vor dem Hotel vorfährt. Wir trennen uns ohne ein Wort. Ich begebe mich, immer noch enttäuscht und außerdem müde, in mein Hotelzimmer.

Um Viertel vor fünf erwache ich ausgeruht, obwohl ich heute schon einen Vortrag gehalten habe, nach einem Grab gesucht, das es vielleicht nicht gibt, und die Waschküche erlebt habe, in der Orson Welles oder Ulrich Welsch sich ein heimliches Nickerchen gegönnt hat. Ich nehme eine Dusche und begebe mich in eines der zahllosen Cafés des Kongresshotels, um mir vor dem Abendessen einen doppelten Espresso zu genehmigen.

Im Fahrstuhl steht eine Runde Konferenzteilnehmer zusammengedrängt. Sie lächeln und danken für die Vorstellung, oder war es ein Vortrag? Und sie erinnern sich sehr wohl an den Sirupmonolog. Alle im Fahrstuhl bedanken sich, außer der Frau im roten Polohemd mit dem pechschwarzen Haar. Die jetzt eine beigefarbene hemdartige Bluse trägt und ein hübsches Halstuch, das perfekt zu ihrem Jackett passt. Ich finde, dass die Frau mit dem pechschwarzen Haar und dem passenden Halstuch immer noch verrückt viel Lippenstift trägt. Im Fahrstuhlspiegel sehe ich, dass sie meine Haare oder meinen Nacken betrachtet. Entweder gefällt er ihr, oder eine Möwe hat mir hinten über das Jackett geschissen, irgendwie scheinen das die beiden einzigen Alternativen zu sein.

Manchmal geschieht es, dass die Energien von zwei Menschen aufeinandertreffen und ein mit Attraktion aufgeladener freundschaftlicher Kontakt entsteht. Ein Flirt ist ein Ruf nach Bestätigung oder ein Flüstern nach fehlender Nahrung. Das hier ist im Prinzip das Gegenteil eines Flirts. Als die Frau zwei lange, magere Finger mit schwarzem Nagellack auf eine Haarsträhne hinter meinem Ohr legt, ist dies der auslösende Faktor, der einen solchen Moment entstehen lässt.

»Entschuldigung«, sagt sie.

»Sehr gern«, antworte ich.

»Ich konnte nicht anders«, fährt sie fort.

»Das glaube ich«, antworte ich.

»Was glauben Sie?«

»Die Notwendigkeit.«

Der Dialog zwischen uns ist im Grunde genommen überflüssig, dennoch besitzen die Worte einen natürlichen Rhythmus, der mich in Furcht versetzt und gleichzeitig Genuss bereitet.

»Ich mag Ihren schwarzen Nagellack«, sage ich.
»Ich auch«, sagt sie.
»Sie auch?«
»Ich auch.«

Wir stehen immer noch am Fahrstuhl, und mir fällt auf, dass ihre Haare natürlich pechschwarz sind. Anfangs dachte ich, sie seien braun, aber schwarz gefärbt. Ihr Pferdeschwanz schlängelt sich über die linke Schulter, er erinnert an einen Skiabhang, der sich unauffällig in die Landschaft schiebt. Ich mag das. Auch den schwarzen Nagellack. Vielleicht, weil sie nicht der Typ Frau zu sein scheint, der sich die Fingernägel lackiert, und schon gar nicht schwarz.

Ein paar Minuten später sitzen wir im Espressocafé und trinken Kaffee und Tee, sammeln weiter kurze Sätze. Es dauert nicht lange, bis mir klar ist, dass ich mir mit ihr zusammen gefalle. Sie hat so eine Art, die mein etwas manisches Ich-Gefühl, das sich oft nach einem Vortrag in Erinnerung bringt, ausschaltet. Jetzt fühle ich mich gut in ihrer Gegenwart, und sie scheint sich mit mir gut zu fühlen, und wir verführen, ohne zu verführen.

Sie:

Ursprünglich aus Bilbao, den größten Teil ihres Lebens in einem kleinen Ort vor Wien verbracht, lange Ausbildung an der Universität Wien, wird morgen in ihrer Eigenschaft als Kinderpsychiaterin den Abschlussvortrag der Konferenz halten (Thema: Das Bedürfnis der Kinder nach Unterstimulation). Und sie heißt Andréa Zu-

Ioaga, *aber man nennt mich Lucinda, nach meiner Großmutter.*

Sie ist so um die vierzig.

Ich:

Ursprünglich aus Norwegen, den größten Teil meines Lebens in einer größeren Stadt in Schweden verbracht, keine Ausbildung, habe heute in meiner Eigenschaft als Mr. Tourette den Eröffnungsvortrag der Konferenz gehalten (Thema: Das wahre Ich). Und ich heiße Per Anders Sandstrak, *aber seit meiner Umsiedelung nach Schweden nennt man mich Pelle.*

Ich bin so um die vierzig.

Sie lacht, als sie erzählt, dass sie keine Kinder hat. Ich weiß nicht, warum sie lacht, aber das macht sie noch unvorhersehbarer. Eine Kinderpsychiaterin, die keine Kinder hat, ein Automechaniker, der Fahrrad fährt, ein Vogelbeobachter, der Tontaubenschießen mag – alle diese Menschen umgibt etwas mystisch Attraktives.

»Während Ihres gesamten Vortrags habe ich Ihre Haarsträhne hinter dem Ohr betrachtet und habe trotzdem gehört, was Sie gesagt haben. Ich hoffe, es hat Sie nicht gestört, dass ich auf die Haarsträhne geschaut habe«, sagt sie.

»Im Saal waren siebenhundert Leute, da ist es unmöglich, sich an einer Person zu stören«, lüge ich und frage mich, von welcher Haarsträhne sie wohl spricht.

»Natürlich haben Sie mich wie blöd gestört«, füge ich hinzu.

»Gut«, sagt sie mit einem Lächeln.

Es entsteht eine längere Pause, und wir beginnen beide zu begreifen, dass das hier ganz und gar nicht einfach ein weiterer Austausch von Höflichkeiten, eiligen

Phrasen und meteorologischem Überbrückungsgerede ist. Wir sind mitten im Gespräch, und das Gespräch findet in unserem Innern statt. Und jetzt fangen auch die Körper an, sich in Form von kleinen Berührungen zu beteiligen – Finger an Knie, Knie an Finger, neuer Finger am selben Knie.

Auch wenn wir zwischen den Worten und Sätzen in Schweigen verfallen, gibt es keinen Stress, einfach nur um des Redens willen einen neuen Satz anzufangen.

Wenn die Stille spricht, dann sprechen wir mit ihr. Eigentlich verbergen wir nichts.

»Wir werden heute Abend auf demselben Essen sein«, sage ich.

»Wir werden auf demselben Essen sein«, erwidert sie erstaunlich ernst.

»Es wäre mir ein Vergnügen, Sie als Tischdame zu haben«, sage ich.

»Das kriegen wir hin.«

»Haben Sie Kontakte?«

»Allerdings.«

»Wie kommt das?«

»Das kommt daher, dass mein Lieblingsrestaurant El Corazón die besten Tapas und den rotesten Wein serviert, den Sie sich denken können. Denken Sie mal.«

»Das kann ich mir denken.«

»Dachte ich mir.«

Wir finden einen Tisch ganz hinten in der Ecke, wo niemand uns sehen kann, als ob wir befürchten würden, dass jemand uns sehen könnte, und wenn, was wäre dann eigentlich? Die anderen Kongressteilnehmer würden uns vielleicht für unerträgliche Snobs halten – *aha, das offizielle Abendessen und wir anderen sind euch wohl nicht fein genug, was?* Denn natürlich wird man uns bei dem Abendessen vermissen, schließlich sind Lucinda und ich zwei von fünfhundert Hauptrednern während des dreitägigen Kongresses. Der Rednertisch wird nur spärlich besetzt sein. Doch momentan denke ich nicht daran, denn meine Arbeit ist bereits getan. Und Lucinda scheint sich auch nicht darum zu scheren, obwohl sie am nächsten Tag den Kongress beenden wird.

Wir bekommen massenweise Tapas und Wein und Brot, der kleine Tisch ist schnell zu klein. Der ältere spanische Kellner ist charmant, »Big in Japan« von Alphaville aus den Lautsprechern ist ärgerlich. Lucinda spricht ununterbrochen, ohne anstrengend zu sein. Ich esse. Sie erzählt, dass sie ihr Baskenland vermisst. Ihr Herz ist in Österreich, ihre Seele im Baskenland.

»Das Ziel muss es sein, die Seele und das Herz zusammenzubringen, ehe der Tod an die Schlafzimmertür klopft«, sagt sie.

»Warum glaubst du, dass der Tod ausgerechnet an die Schlafzimmertür klopfen wird?«

Sie sieht mich an, als ob ich etwas Anstößiges gesagt hätte.

»Was hast du gesagt?«, fragt sie.

»Warum glaubst du, dass der Tod ausgerechnet an die Schlafzimmertür klopfen wird?«

»Ist das nicht der schönste Tod, im Schlafzimmer, im Schlaf?«

Lucinda holt eine große Lesebrille mit schwarzem Gestell heraus – nicht nur groß, sondern gigantisch groß. Erst glaube ich, dass sie einen Witz macht, doch ihr Gesichtsausdruck und ihre Mimik zeigen, dass es sich hier wirklich um eine funktionierende Lesebrille handelt. Sie kommentiert die Brille nicht einmal, erst als ich sie gespannt ansehe, sagt sie: »Wegen der Kinder«, und studiert weiter die Dessert-Karte.

»Wegen der Kinder?«

»In einer schwierigen Umgebung, wie zum Beispiel einem Kinderkrankenhaus, erwarten die Kinder, dass ich für Logik und Diagnostik stehe. Sie rechnen nicht mit einer Riesenbrille auf der Nase einer Ärztin. Die kurze Zeit, in der die Gedanken der Kinder von der Größe der Brille eingenommen sind, ist für mich Gold wert. Die Brille lenkt die Kinder ab und zieht sie gleichzeitig an, das ist eine ausgezeichnete Ausgangssituation für weitergehenden Kontakt, und zwar einen ehrlichen Kontakt mit dem Kind. Was hältst du von Crème brûlée?«

»Soll ziemlich gut sein.«

»Dos Crèmes brûlées«, sagt sie lächelnd zu dem Kellner.

»Genau wie du«, fährt sie fort. »Du lenkst auch ab.«

»Wen lenke ich ab?«

»Mich«, erwidert sie, immer noch die Riesenbrille auf der Nase.

Wir essen Crème brûlée, und das längste Schweigen seit fünf Uhr tritt zwischen uns ein. Es ist halb zehn, als Lucinda mir einen Espresso bestellt. Sie selbst zieht grünen Tee vor, wenn ich auch bezweifle, dass die Kombination Crème brûlée und grüner Tee ein irgendwie geartetes kulinarisches Erlebnis sein kann. Lucinda lacht nur, nippt aber im Verlauf der nächsten fünfzehn Minuten ein paarmal an meinem doppelten Espresso.

»Darf ich heute Nacht in deinem Zimmer schlafen?«, fragt sie.

»Willst du mit oder bei mir schlafen?«

»Wo geht die Grenze zwischen mit und bei?«

»Dreißig Zentimeter?«

»Sagen wir, zwanzig Zentimeter.«

»Sagen wir, fünfundzwanzig Zentimeter.«

»Zum Ersten, zum Zweiten, zum Dritten ...«

»Zehn Zentimeter.«

»Zehn Zentimeter.«

Ich bestelle noch einen Kalimutxo, Lucindas Lieblingsschnaps aus dem Baskenland. Als wir auf den Schnaps warten, sagt Lucinda:

»Ich hätte heute Abend nach Hause fahren können, ich mag es nicht, im Hotel zu schlafen, wenn ich so nahe bei meinem eigenen Bett bin. Schließlich wohne ich nur wenige Kilometer vor Wien, in Pressbaum. Ich hätte heute Abend nach Hause fahren können, aber während deines Vortrags kam mir der Gedanke ...«

»Was für ein Gedanke?«

»Dass ich heute Nacht mit mir selbst sein will.«

Lucinda kratzt die Reste von der Crème brûlée mit einem Fingernagel auf und fährt fort:

»Außerdem schlafe ich nachts schlecht.«

»Was heißt schlecht?«

»Jede Nacht nur wenige Stunden, vielleicht vier, zusammenhängend.«

»Weißt du, warum?«

Lucinda trinkt aus und sagt:

»Ich muss morgen zu einer Untersuchung, die mir Sorgen macht. So einfach ist das. Als Professionelle sollte ich es besser wissen.«

»Warum solltest du es besser wissen?«

»Weil ich eine von fünfzehn bin, die dieselbe Untersuchung durchläuft.«

»Geht es dir besser, wenn du das weißt?«

»Nein.«

»Dann musst du dir auch nicht einreden, dass du es besser wissen müsstest. Davon schläfst du nicht besser.«

»Eine Nacht von zu Hause weg würde mich vielleicht ein wenig entspannen. Ich weiß eigentlich nicht so recht, warum ich mir solche Sorgen mache, wo ich doch all die Jahre immer so überkorrekt war. Immer nur Schlag auf Schlag: Ausbildung vom Gymnasium zur Uni, dann der Job, dann gutes Einkommen, und jetzt: nervös.«

»Willst du immer noch bei mir schlafen?«, frage ich.

»Ich will vor allem mit mir selbst sein. Mit dir.«

Eine willkommene Stille senkt sich über unsere Teller und Weingläser. Dann sage ich, ohne richtig zu wissen, warum:

»Es ist sicher kein Grund zur Sorge, Lucinda.«

»Sag das nicht, Pelle.«

»Es ist kein Grund zur Sorge.«

Lucinda schlägt vor, dass wir ein paar hundert Meter entfernt am Karmeliterplatz in eine Bar gehen, in der sie möglicherweise noch besseren Kalimutxo haben.

Mein Tourettegehirn funktioniert, was Alkohol angeht, ganz entgegengesetzt zu anderen Gehirnen. Je mehr ich trinke, desto weniger Kick, ich werde langweilig oder zumindest langweiliger. Da Lucinda und ich inzwischen einige Flaschen Wein getrunken haben, müsste ich also eigentlich schon in John Blunds Traumwelt verschwunden sein. Als ich mit ihr zu der Bar spaziere, fühlen sich meine Beine wacklig an, aber ich spreche genauso deutlich und bewusst, als wären wir auf dem Weg zu irgendeinem alltäglichen Mittagessen. Wir bleiben eine Weile in der Bar am Karmeliterplatz. Mit kaltem Bier zu frisch gerösteten Erdnüssen anzustoßen erscheint uns als perfekte Abrundung. »Gut für meinen Stoffwechsel«, flüstert Lucinda in mein linkes Ohr.

Ich bin derjenige, der das Taxi zum Hotel bestellt, Lucinda würde am liebsten noch in eine andere Bar weiterziehen. Ich fühle mich wie ihr alter Onkel, als ich sie an ihren Vortrag am nächsten Tag erinnere. Wir sitzen schweigend hinten im Taxi und sehen Wien by October Night – die Goethestatue, den Stephansdom, dann biegen wir nach rechts ab, eine Abkürzung hinter der Karlskirche vorbei, ehe wir dann über die Donau fahren und von den schönen, aber irritierend grellen Lichtkegeln zu beiden Seiten der Brücke geblendet werden. Als ich das Taxi zahle, ist es schon halb zwei durch. Einem inneren Impuls folgend frage ich die Taxifahrerin, ob sie einen Kollegen namens Fritz kenne. Ich beschreibe ihn als Reinkarnation des deutschen Fußballspielers Rudi Völler. Doch das hilft nicht, das könnte jeder sein, antwortet die Taxifahrerin, und ich muss ihr zustimmen, das könnte hier in Österreich wirklich jeder sein.

Wir bleiben vor dem Fahrstuhl stehen. Als ich mit dem Fahrstuhl nach unten fuhr, wusste ich noch nicht einmal, wer sie ist, und jetzt auf dem Weg nach oben weiß ich, dass wir zusammen schlafen werden.

Wir legen uns auf den Rücken auf meinem Queensize-Bett, sehen zur Decke hinauf, der Abstand zwischen uns beträgt mindestens zehn Zentimeter. Lucinda will nicht in ihr Zimmer gehen, um ihre Zahnbürste zu holen. Wir putzen uns im Bett und mit meiner Zahnbürste die Zähne. Wir reden nicht viel, die Geräusche sprechen für sich – Zahnbürste an Vorderzähnen, Zahnbürste an Glas, Wasser in Glas, Klimaanlage, mein Atem, ihr Atem.

Lucinda steht nackt vorm Spiegel. Sie drückt oder massiert ihre Brust mit der linken Hand und glättet gleichzeitig mit der rechten ihr Haar. Irgendetwas sagt mir, dass dies mitten in der Nacht geschah. Es kann ein Traum oder eine Fantasie gewesen sein.

Ich erwache und höre, dass Lucinda duscht. Ich sehe auf den Radiowecker, die Ziffern sind verschwommen, ich setze Lucindas Riesenbrille auf – das Radio zeigt 09:34. Lucinda kommt in meiner Unterhose aus dem Badezimmer.

Ich kann ihr ansehen, dass sie sich Sorgen macht, nicht wegen des Vortrags, sondern wegen dem, was danach kommt.

»Ich muss gehen«, sagt sie.

Ich ziehe sie ins Bett hinunter, sie hält meine Hand, meine Finger, sie betrachtet sie, und ich sage:

»Es ist bestimmt kein Grund zur Sorge, Lucinda.«

»Versprochen?«

»Versprochen.«

Sie beißt in meine Finger, und ich weiß nicht, ob das ein Kompliment oder eine Bestrafung ist.

»Du siehst verdammt lustig aus mit meiner Brille. Aber gib sie mir später wieder, ja? Versprichst du das?«

»Ich verspreche es«, kann ich gerade noch sagen, ehe die Tür zuschlägt.

Ich bleibe noch vielleicht eine halbe Stunde im Bett liegen. Lucinda hat kräftig zugebissen, die Abdrücke ihrer Zähne sind immer noch auf meinem kleinen Finger zu sehen. Ich dusche, ziehe mir etwas anderes an, schiebe Lucindas Brille in die Innentasche meines Jacketts, verlasse das Zimmer und nehme den Fahrstuhl in den Frühstücksraum. Viertel nach elf schleiche ich mich in den Kongresssaal. Lucinda steht ganz vorn und tut, was sie tun soll – sie spricht langsam, methodisch, pädagogisch, klinisch, trocken. Es erstaunt mich, wie sie sich bemüht, langweilig zu sein, wie sie bewusst eine monotone akademische Stimme anwendet und ihre Körpersprache herunterfährt. Doch alle scheinen aufrichtig interessiert zu sein, notieren sich Fakten, nicken zustimmend über Forschungsergebnisse, beurteilen und analysieren die von ihr empfohlenen Dosierungen. In ihren Augen ist keine Sorge zu erkennen, die Haare liegen wieder in einem Pferdeschwanz über ihrer linken Schulter, ihr Jackett sitzt perfekt. Und sie steht vollkommen still, was entweder daran liegt, dass sie zu sehr an ihrem Manuskript klebt, oder daran, dass sie meine frisch gewaschenen Boxershorts trägt.

Nach dem Vortrag erhält sie höflichen Applaus, und nach ein paar für mich vollkommen unverständlichen Fragen verlässt sie die Bühne mit einem Blumenstrauß und einem Dankeschön. Ich halte mich zurück, will nicht zu ihr hingehen, weil ich fürchte, sie könnte ihre Professionalität verlieren und mich plötzlich wieder in den kleinen Finger beißen. Außerdem kommen einige Kongressteilnehmer zu mir, bedanken sich für gestern und bedauern, dass ich zu müde war, um an dem Abendessen teilzunehmen.

Lucinda verschwindet in der Menge. Das Letzte, das ich von ihr sehe, ist, wie sie auf die Uhr sieht, und dann ist sie weg. Lucinda hat es eilig.

Am Wien International Airport gehe ich mit einem Espresso in der Hand umher und warte auf meinen Flug zurück nach Stockholm. Ich schaue durch die glasklaren und frisch geputzten Panoramafenster, sehe, dass eine Boeing 747 mit Namen Niki Lauda startklar gemacht wird, der Kapitän startet zuerst den äußeren rechten Jetmotor, dann den inneren rechten, ehe er zur linken Seite wechselt. Die vier Jetmotoren dürfen auf keinen Fall früher als in zehn Stunden wieder zum Stehen kommen, und wenn ihr Arbeitstag vorüber ist, wird Niki Lauda vor frisch geputzten Panoramafenstern in einem anderen Erdteil perfekt geparkt sein. Ich muss daran denken, dass Lucinda und ich nur zehn Stunden miteinander verbracht haben. Wir haben nichts von Telefonnummern oder Mailadressen gesagt und auch kein fröhliches »See you again soon«.

Als die Maschine auf fünfunddreißigtausend Fuß ist und das Essen serviert wird, hole ich ihre Riesenbrille heraus und betrachte sie näher. Ich probiere sie auf. Ein Kind in der Reihe links von mir lächelt schüchtern, ich erwidere das Lächeln und lege die Brille in meine Arbeitstasche, die so tut, als sei sie eine Pilotentasche, und lasse sie dort mehrere Monate lang liegen.

Lucinda verschwindet nicht völlig, ich sehe ihren Pferdeschwanz auf der linken Schulter und die Bissmarke auf dem kleinen Finger, auch wenn die schon weg ist. Keiner von uns lässt etwas von sich hören, und es gibt Millionen Menschen, die dieselbe Reise gemacht haben, und alle behaupten sie, es sei die perfekte Begegnung gewesen, die einzigartige Stunde, die Nachbearbeitung siegt immer über die Wahrheit.

Hier könnte die Geschichte von Lucinda zu Ende sein, das wäre mir sehr recht gewesen und hätte das Ganze zu einer schönen Erinnerung an Wien gemacht.

Ungefähr ein Jahr später wohne ich im Hotel Westin in Leipzig. Ich bin auf der Leipziger Buchmesse, wo ich über mein Buch »Herr Tourette und ich« spreche, das kurz zuvor auf Deutsch erschienen ist. Nach dem Vortrag und den Interviews fühlt es sich gut an, sich ins Hotelzimmer zurückzuziehen und sich vor dem Abendessen mit dem deutschen Verlag und der schwedischen Botschaft noch einmal auszuruhen. Also werfe ich mich aufs Bett, ziehe die Strümpfe aus und stelle den Wecker auf eine Stunde später. Doch ich bin ein wenig aufgedreht, und es fällt mir schwer, einzuschlafen. Also sehe ich meine Mails durch, und da ist eine mit spanischem Absender. Ich mache sie auf und lese:

»Meine liebe, geliebte Schwester Andréa ist im Haus unserer Familie eingeschlafen. Wir vermissen sie unendlich. Es ist schon einige Zeit vergangen, seit sie gestorben ist. Sehr lange Zeit waren wir auf das Schlimmste vorbereitet. Die Beerdigung hat bereits stattgefunden. Wir wollten eine Zeremonie im engsten Familienkreis. Andréa Lucinda bat mich, Ihnen ein paar Worte zu schreiben, da sie selbst während ihrer Krankheit nicht mehr dazu imstande war. Ich kenne Sie nur durch die Worte meiner Schwes-

ter. Es ist uns erst jetzt möglich, eine Gedenkveranstaltung abzuhalten.
Ort: Pension Parzer, Pressbaum.
Zeit. Datum. Jahr.
Immer in unseren Herzen.
Maria Zuloaga
Schwester«

Ich schwitze und ich friere, der Computer wärmt meinen Bauch und fungiert als mechanischer Heiler. Eine halbe Stunde später erwache ich vom Klingeln des Weckers. Wieder und wieder lese ich die Mail. Und dann lese ich sie noch einmal, und dann ein letztes Mal.

Ich kenne Sie nur durch die Worte meiner Schwester.

Ich bringe nichts heraus. Keine Tränen, nichts. Ich sollte weinen, schäm dich, du eiskalter Mensch, jetzt weine doch, komm schon, eine Träne wirst du doch wenigstens herauspressen können. Ich bleibe im Bett liegen und denke und erinnere mich – der Pferdeschwanz, der nackte Oberkörper, das pechschwarze Haar, das rote Polohemd, das Lachen, die Art, der Biss. Das Herz draußen vor Wien, die Seele im Baskenland. Und nun gibt es sie nicht mehr.

Ich beantworte die Mail und frage, wo Lucindas Grab ist. Dann ziehe ich mich um, gehe ins Restaurant hinunter und nehme abwesend, wenn auch von außen betrachtet anwesend, am Abendessen teil. Nach viel zu viel Wein zum Essen und Bier zu den Cashewnüssen gehe ich ins Zimmer hinauf, ziehe das Jackett aus und lege mich aufs Bett. Ich habe den Computer neben mir, ich sehe auf den Bildschirm, drei neue Mails im Postfach, eine von ihnen ist von Lucindas Schwester Maria.

An mehr erinnere ich mich nicht, merke nicht einmal, wie ich einschlafe.

Ich verabschiede mich von Leipzig, besteige einen ICE nach Berlin Hauptbahnhof und nehme dann den Bus weiter zum Flughafen Tegel, wo, wie der Computer in der Abflughalle verspricht, mein Flug nach Schweden an Gate 34 wartet. Zucken im Bauch – mein Körper macht kehrt und begibt sich zum Informationsschalter der Lufthansa, wo ich mich nach dem nächsten Flug nach Wien erkundige.

Fünf Stunden später checke ich in demselben Kongresshotel in Wien ein, in dem ich gewohnt habe, als ich das letzte Mal dort war. Ich bitte um Zimmer Nummer 321. Ich bekomme Zimmer 321. Ich ziehe ein schickeres Jackett und Stiefel an und fahre mit dem Taxi zum spanischen Restaurant El Corazón. Das Lokal ist fast leer, außer mir ist nur ein Paar mittleren Alters und ein Kellner da. Aber es ist nicht Lucindas Kellner, sondern ein jüngerer ohne Persönlichkeit. Ich bestelle genau das gleiche Menu wie letztes Mal, die gleiche Menge Wein und Tapas. Nach ein paar Stunden bin ich sowohl satt als auch betrunken – und traurig. Im Taxi zurück zum Hotel sehe ich den Stephansdom und die Goethestatue von Betrunkenen und von fotografierenden Touristen umgeben.

Am nächsten Morgen leihe ich mir ein Auto und fahre durch ein Tal, über drei Brücken und in ein neues Tal. Nach ungefähr einer Stunde Fahrt bin ich in einem letzten Tal, auf dem Weg nach Pressbaum komme ich durch einen kleinen Ort, und erst jetzt geht es mir auf – die Friedhöfe, die Konditorei, die Bierstube, in der sich Orson Welles oder Ulrich Welsch erholten. Wolfsgraben ist ein Teil der Gemeinde Pressbaum.

Ich biege am Friedhof ab, parke in der Nähe des Zaunes und bleibe eine Weile im Auto sitzen, nicht weil es regnet, sondern eher, um zu erspüren, dass ich wirklich hier bin, dass Lucinda wirklich irgendwo da draußen begraben liegt. Ich stelle den Wahrheitsgehalt der Mail in Frage, vielleicht lebt sie trotzdem, vielleicht ist das Ganze nur ein skurriler Scherz, vielleicht steht Lucinda hinter einem Baum versteckt oder neben einem Grabstein, und begrüßt mich gleich mit einem »War schön neulich, hast du Wein mitgebracht?«.

Ich lasse die Scheibenwischer extra lange arbeiten, halte nach möglichen Lucindas auf dem Friedhof Ausschau, sehe keine, sondern nur einen jungen Mann, der herumläuft und nach etwas zu suchen scheint, wahrscheinlich ein Grab. Er scheint zu wissen, was er sucht, aber nicht, wo er suchen muss. Ich lasse das Auto unverschlossen stehen, werfe die Pilotentasche über die Schulter und marschiere auf den neueren Teil des Friedhofs zu. Es regnet immer noch, aber ich bemerke es nicht mehr. Nirgends ist eine lebendige Lucinda zu sehen, ich sehe nur die schönen Rosen, die weißen Bänder und eine sehr neutrale Fotografie einer vielleicht zwanzigjährigen Lucinda. Die Fotografie hängt mitten auf dem kitschigen Grabstein.

Ich bleibe einfach stehen, ganz gerade und aufrecht. Und wieder sehe ich sie vor mir – der sorgenvolle Blick, ihre untersuchenden Hände an der Brust.

Kein Grund zur Sorge.

Und ich sehe, wie sie lachend das Zimmer verlässt.

Ich klappe meine Pilotentasche auf und hole die Riesenbrille heraus.

Ich lege sie in die Mitte zwischen die baskische Fahne

und einen ein Gebirge in den Alpen darstellenden Stein aus Glas. Dann gehe ich, von Regen und wässrigem Schnee durchnässt, davon. Ein junger Mann kommt mir entgegen, derselbe Mann, der vorhin auf dem Friedhof nach etwas suchte. Er ist pitschnass, er friert und fragt auf Englisch:

»Do you know, where the secret grave of Joseph Haydn is?«

Ich sehe ihn an und erwidere sogleich:

»Never heard of him.«

Und wie war's in Kristinehamn?

Logbuch Kristinehamn – Kabul

»Picasso hat sich für Kristinehamn entschieden. Ein herzliches Willkommen auch Ihnen«, steht auf einem Schild an der Autobahn. Das ist eine Lüge, eine Verdrehung der Tatsachen. Picasso hat sich nie für Kristinehamn entschieden, er war nur einfach einverstanden damit, dass man seine Skulptur dort aufstellte, weil die Gemeinde von Kristinehamn sich bereit erklärt hatte, für die Kosten aufzukommen. Zuvor hatte eine norwegische Gemeinde dieselbe Monumentalskulptur mit der ziemlich konkreten Begründung »zu hässlich« abgelehnt. Dank der internationalen Kontakte des aus Kristinehamn stammenden Malers Bengt Olson wurde Picasso ein Teil von Kristinehamn, oder zumindest seine Frau Jacqueline, welche die Skulptur darstellt. In Wirklichkeit war es also Kristinehamn, das sich für Picasso entschieden hat. Nunmehr hat die gesamte Stadt den Namen Picasso angenommen – die Picasso-Spiele, Pizzeria Pablo, das Pablo Open und die Picasso-Brücke.

Ich denke, wenn ich jemanden in der Stadt ausreichend mögen würde, dann könnte ich mir durchaus vorstellen, hier zu wohnen. Kristinehamn klingt sinnlich und schön. Kristinehamn.

Nach dem Vortrag fahre ich geradewegs zur Shell-Tankstelle und befülle das Auto mit fünfzig Litern Benzin. Das dürfte ein Stück weit nach Süden ausreichen.

Kastrup
Da ich ständig hungrig bin und eine Verbrennung wie ein Jetmotor habe, habe ich unterwegs angehalten und gegessen. Als ich mit dem Cruiser auf den Flughafen Kastrup einbiege, bin ich ziemlich spät dran und habe nur noch eine knappe Stunde, ehe der Flug geht. Ich kann

die Langzeitparkplätze nicht finden, bin zu gestresst, um weiterzusuchen und traue mich nicht, jemanden zu fragen, also entscheide ich mich dafür zu fluchen, mit den Händen aufs Lenkrad zu schlagen und das Auto in die große Parkgarage mit dem Namen »Schweineteure Parkgarage für Idioten« zu manövrieren.

British Airways, Flight 44
An Bord des Flugzeugs, einer Boeing 747-400, werde ich von dem Steward mit einem freundlichen »Hellu, hellu« begrüßt. Eine Philippinin hat meinen Platz belegt, und als ich lächelnd darauf hinweise, antwortet sie mir mit einem unglaublich strahlend weißen und freundlichen Lächeln. Sie lächelt und nickt und sagt die ganze Zeit »Oh yes, oh yes«. Als ich sie bitte, fünfzig Zentimeter weiter zu rücken, antwortet sie mit einem noch breiteren Lächeln und noch fröhlicher: »Oh yes, oh yes.« Da die Welt ohnehin schon kompliziert genug ist, setze ich mich auf ihren Platz und nicke ein freundliches »Oh yes, oh yes« zurück.

Ich esse meine Mahlzeit, versuche, an nichts zu denken, und schließe über den Alpen die Augen und sehe den Tag in einer Art Rückschau vorbeifliegen – Kristinehamn, Frühstück im Stadthotel, drei Stunden Vorstellung, Shell-Tankstelle, Nussmischung, Picasso, hundertdreißig Stundenkilometer, E 4, Kaffeepause in Ljungby, Öresundbrücke, Schweineteure Parkgarage für Idioten, als Letzter ins Flugzeug, Starbucks in Heathrow, als Letzter ins Flugzeug, »Hellu, hellu« und »Oh yes, oh yes«.

Ich wache auf, als wir mit dem Landeanflug auf Dubai beginnen. Jetzt befinden wir uns dreißigtausend Fuß über dem Persischen Golf. Im Osten kann ich eine rote, schöne Sonne den Flugzeugflügel bescheinen sehen, der sich dreist und selbstsicher ausstreckt, weil er wieder mehrere hundert Menschen in ein neues Klima, ein anderes politisches System und eine andere Religion befördert hat. Der Flügel ist so schön und sinnlich.

Zerstreut blättere ich in meinem Pass. Ein Zeigefinger betritt mein Sichtfeld. Es ist die philippinische Frau, die auf mein Passfoto zeigt, als ob damit irgendwas nicht stimmen würde. »Very dangerous, very dangerous place«, sagt sie aufgeregt. »I am not a soldier«, antworte ich im Reflex. Da lächelt sie noch mehr und klatscht in die Hände, »Oh yes, oh yes«. Ich klatsche sicherheitshalber auch.

Dubai International Airport
Es herrscht Inflation, was die Wörter »Hass« und »genial« angeht. Man hasst alles und sieht überall Genies. Ich nehme keines der beiden Wörter gern in den Mund, doch wenn die Sprache auf Dubai kommt, regt sich eine Unlust in mir. Nicht nur, dass mir Dubai extrem wenig gefällt, ich glaube fast, ich hasse Dubai. Dubai ist ein sinnloser Fleck mitten in der Wüste mit einem Einkaufszentrum und einem Flugplatz. Hier ist nichts echt, außer dem Sand und dem Sand. Die Gegend um das Terminal sieht aus wie ein gigantisches verglastes Kaufhaus plus vier Startbahnen. Ich setze mich in ein kitschig geblümtes Café, das *real Arabic coffee* mit dem original echten arabischen Namen »Nescafé« verkauft. Nachdem ich einen *real Arabic coffee* für 54 Kronen *plus tax* getrunken habe, und das in einem Land, das sich auch noch damit brüstet, dass es keine Steuern erhebt, schlendere ich durch das Einkaufszentrum und fühle mich schlecht. Ich setze mich auf eine Bank und halte Ausschau, doch das hilft nicht. Ich sehe bleich-fette europäische Männer in Shorts und

Joggingschuhen mit dicken Bäuchen und kleinen Augen, ich sehe arabische Männer, die sich im Schritt kratzen, Männer unterschiedlichen Alters, die alle eins gemeinsam haben, nämlich, dass sie mehr Haare in der Nase haben als auf dem Kopf. Ich sehe auch Hunderte von unterbezahlten philippinischen Gastarbeitern, entwürdigte Afghanen und bettelarme Pakistani, die auf Bänken und Plastikstühlen schlafen.

Der Bus soll um 03.00 Uhr von Terminal 1 abgehen, und dann wird es circa zehn Minuten dauern, zu Terminal 2 zu fahren, wo die Maschine der Ariana zum direkten Abflug gen Osten wartet. Es wird 03:30 Uhr, aber kein Bus kommt. Ich schaue noch mal auf mein Ticket, schaue auf die Anschlagtafel, frage Menschen. Doch bekomme keine Antwort.

Ein Ticketkontrolleur (oder Passkontrolleur) lässt sich hinter einem Tisch nieder. Ich zeige mein Ticket, meinen Pass, frage nach dem Bus zu Terminal 2 und dem Flug nach Kabul. Er antwortet kurz und knapp:

»Boarding Terminal 2. This ist terminal 1.«

»I know that, but ...«

»It's all right, Sir. It's always like this. The Afghan plane hasn't landed yet, anyway«, antwortet ein Mann, der aussieht wie mein alter Chemielehrer, aber Wayne heißt und für »National Geographic« arbeitet. Er wartet seit acht Stunden an Terminal 1. Wayne gehört zu der Gruppe Dienstreisender, die einen Whisky vor dem Essen nehmen, drei Bier zum Essen und einen Cognac zum Kaffee. Er wird dann nicht sinnlos betrunken, sondern nur halb betrunken. Seine Stimme ist kratzig, aber freundlich.

»Meine achtzehnte Reise nach Kabul. In diesem Jahr. Was gibt's?«, fragt er einen anderen Amerikaner, anscheinend ein Angestellter der Sicherheitsbranche, der antwortet:

»Warten auf einen Passagier.«

Man hört, wie der Ticketkontrolleur in regelmäßigen Abständen einen Namen aufruft:

»Antrak?«

Wir sehen uns alle an.

»Antrak?«

Alle schütteln die Köpfe.

Zwanzig Minuten später:

»Antrak?«

Anderthalb Stunden später:

»Antrak?«

»No Antrak«, antwortet Wayne, der jetzt langsam wieder nüchtern wird.

Ein Bus hält vor der Glastür, es steigen ungefähr zweihundert Männer in langen weißen Kleidern aus, alle haben einen Bart und zerschlissene Sandalen. Die meisten tragen grauweiße schmutzige Seesäcke. Es sind Pilger auf dem Heimweg von Mekka. Dann fährt der Bus weiter – ohne uns. Nun breitet sich eine besorgte, etwas verärgerte Stimmung unter uns aus, die wir nun schon fast drei Stunden darauf warten, zu Terminal 2 gebracht zu werden. Im Hintergrund hört man wieder: »Antrak, Antrak?«

Ein weiterer Bus hält vor der Glastür. Ohne Passagiere. Wir stellen uns in einer Reihe auf. Ein freundlicher Mann hinter mir in der Schlange sagt:

»Sorry, aber Sie haben keine Bordkarte.«

»Bekommen wir die nicht in Terminal 2?«

»Sorry, aber die müssen Sie wohl hier abholen.«

Ich bin jetzt nur Sekunden davon entfernt, den Bus zu

verpassen, der mich aus dem verhassten Terminal 1 befreien soll. Ich renne zum Ticketkontrolleur, gebe ihm meinen Pass und sage, dass ich meine Bordkarte brauche.

Als der Ticketkontrolleur den Pass aufklappt, wird er ärgerlich. Er sieht auf meine Kleider, auf meine Haare, auf meine ganze Person, abgesehen von meinen Augen:

»I ask all the time ... Antrk ... ANTRAK ... you ANTRAK!«

»No, I am Sandstrak.«

»Antrak.«

»Sandstrak.«

»You Antrak.«

Ich schaffe es noch durch die Glastür, ehe sie sich schließt, und eine Viertelstunde später renne ich durch die Glastür zu Terminal 2. Wir, die nach Afghanistan wollen, rennen wie verrückt, um den Flug noch zu erwischen, bei dem, den Anschlagstafeln zufolge, in diesem Moment das Boarding beginnt. Der Einzige, der nicht rennt, ist Wayne. Als wir am Gate ankommen, ist kaum jemand da, das Flugzeug ist noch nicht einmal gelandet. Ich setze mich, lege die Beine auf den Plastikstuhl vor mir, keuche. Mitten im Atmungsprozess höre ich ein paar Meter hinter mir eine kratzige Stimme:

»Why stress?«

Wayne hat es geschafft, schon eine Dose Budweiser zu öffnen, wo immer er die herhat.

Von Terminal 2 gehen keine Flüge von westlichen Fluggesellschaften ab, die Ziele liegen ohne Ausnahme irgendwo in Afrika, Iran, Irak, Sudan oder in Ländern, von denen ich dachte, es würde sie gar nicht mehr geben. Wir sind eine Gruppe von sechs Leuten. Außer Wayne und mir sind es zwei Afghanen, ein Iraner und noch ein weiterer Amerikaner, die an diesem Donnerstag nach Kabul fliegen. Die Afghanen leben in der westlichen Welt, sind bei ausländischen Baufirmen angestellt und sollen jetzt am Wiederaufbau des Landes mitarbeiten. Der Iraner sucht eine Stelle als Berater für Infrastruktur. Der andere Amerikaner sagt nicht viel, sondern lächelt meist verstohlen über unsere Witze. Er ist schwer einzuordnen, entweder ist er von Natur aus schüchtern oder ein Spion. Er fürchtet, den Direktflug nach Kandahar später am Tag zu verpassen. Und nach Kandahar fährt man nicht wegen der Natur oder wegen des Essens, und definitiv nicht, wenn man einen amerikanischen Pass hat. Er sieht so verdammt gewöhnlich aus, da kann also irgendwas nicht stimmen. Niemand setzt sich in ein Flugzeug nach Kandahar und sieht dabei gewöhnlich aus.

Ein weißer Airbus A330, der weder Namen noch Logo trägt, soll uns über den Persischen Golf, die Iranische Ebene und die Berge Afghanistans fliegen und knapp drei Stunden später in Kabul landen. Als ich an Bord gehe, finde ich es schon seltsam, dass wir zwischen zweihundertdreizehn Plätzen auswählen können. Entweder stimmt irgendwas nicht mit dem Buchungssystem von Ariana (dem Telefon), oder … in dem Moment erzählt der vorsichtige Amerikaner, dass man ein anderes Flugzeug einsetzen musste, weil das ursprüngliche, eine DC-10, in Mazar-e Sharif technische Probleme hatte.

Ich suche mir einen perfekten Fensterplatz aus, doch als ich mich hinsetzen will, klappt die Rückenlehne nach hinten, so dass ich in Wurzelfüllungsposition lande. Meine Freunde lachen, Wayne prostet mir zu, er hat noch eine weitere Dose Budweiser durch die Sicherheitskontrolle geschmuggelt. In der Business Class sind vierzehn reiche Pilger aufgetaucht. Sie würdigen uns keines Blickes, sondern sind vollauf damit beschäftigt, Platz für ihr Gepäck zu finden – Seesäcke, Sandalen, Koffer. Ich begreife, dass ich der Einzige bin, der sein Gepäck eingecheckt hat.

Es gibt Momente, in denen das Gehirn von Gedanken geleert wird, in denen der Körper einfach nur existiert, ohne äußere Einwirkung oder inneren Druck. Das Wissen, dass ich mindestens drei Stunden hier sitzen werde, genügt, um mich irgendwo über dem Persischen Golf einschlafen zu lassen.

Ariana Flight 12
Ich habe keine Ahnung, wie lange ich geschlafen habe, es kommt mir wie zwei Sekunden vor, doch die Uhr sagt zweieinhalb Stunden. Wir sind weit über afghanischem Territorium. Ich bin fasziniert von der Landschaft unter uns, die an ein Schwarzweißfoto von Nordnorwegen anno 1973 erinnert. Rostfarbene Berge, einzelne viereckige Häuser, grauer Nebel, schmale Straßen, ein Fluss, der durch die großartige Natur fließt. Nach einer Weile sehe ich, dass sich unter uns eine Stadt ausbreitet. Sie ist schwer zu erkennen, die Häuser sind niedrig und verschmelzen mit der Landschaft. Obwohl ich seit mehreren Stunden nichts gegessen habe, bin ich nicht völlig ausgehungert, sondern nur hungrig. In meiner Tasche entdecke ich eine Tüte mit Nussmischung, die ich in Kristinehamn gekauft habe. Ich genieße jede einzelne Nuss, jedes Stück Trockenobst oder Kokos.

Mit einem Mal macht das Flugzeug einen brutalen Schwenk um hundertzwanzig Grad. Ich sehe die Kabul umgebenden Berge, den hohen Funkmast, links einen zerbombten Panzer und rechts einen nagelneuen Land Cruiser. Poff. Eine heftige Bremsung. Dann Stille. Wir stehen vollkommen still. Niemand sagt etwas, nicht einmal der Pilot. Wir warten eine Minute, daraus werden zehn Minuten, eine halbe Stunde. Nach einer Stunde berichtet der vorsichtige Amerikaner, dass wir vor der geplanten Zeit gelandet sind und deshalb warten müssen, bis der Helikopter des pakistanischen Präsidenten Musharraf den Luftraum von Kabul verlässt.

Kabul International Airport

Kabul liegt hoch, Sonne und blauer Himmel dominieren, im Winter ist es schweinekalt, im Sommer glühend heiß. Jetzt herrschen ungefähr zehn Grad minus. Im Terminalgebäude ist es kälter als draußen, alles ist genau so, wie es sein sollte, und sonst nichts. Dennoch ist es hier bedeutend angenehmer als in Terminal 1 in Dubai. Ich lande in einer langen Schlange vor dem Gepäckband und der Passkontrolle. Rechts kann ich die Toiletten betrachten, links ein großes Bild des Nationalhelden Massoud. Das einzige Problem ist, dass die Schlange genau vor der stinkenden Toilette anhält. Ich schiebe Nase und Mund in den Kragen meiner dicken Lederjacke. Der Amerikaner, der in den internationalen Zeitplan Kabuls eingeweiht ist und die Helikopterroute von Musharraf kennt, lächelt mir zu, und ich erwidere sein Lächeln, ohne richtig zu wissen, warum. Am Schalter angekommen, zeige ich meinen Pass. Die vier rauchenden Männer im Glaskasten beugen sich darüber.

»Name?«, fragt der eine.
»Pelle Sandstrak.«

»Antrak?«

»Sandstrak.«

»Antrak?«

»No. Sand… check passport.«

»Come again?«

»Antrak. Per Anders Antrak«, gestehe ich.

Er notiert meinen Namen in ein Buch voller handgeschriebener Namen. Zu meinem Erstaunen schreibt er lediglich Per Anders. Nicht den Nachnamen. Nicht Antrak. Nur Per Anders. Er bittet, noch einmal in den Pass schauen zu dürfen, er sieht mich an, dann den Pass, dann mich. Als er den Pass stempelt, lächelt er so, dass die Zigarettenasche in das große Namensbuch fällt:

»You getting old … welcome to Afghanistan, Mister Antrak.«

Ich nehme den Pass und fühle mich in Afghanistan willkommen.

Ein junger Typ, vielleicht zwölf, dreizehn Jahre, kommt zu mir.

»Ariana?«

Ich nicke.

Er bittet um meinen Gepäckschein, er ist vom Flugunternehmen angestellt, nach meinem Gepäck zu suchen. Noch ehe ich nein danke sagen kann, hat er schon danke gesagt, den Gepäckschein gegriffen und ist auf das Gepäckband geklettert, das allerdings nicht rollt. Er steigt über Taschen und Säcke und verschwindet dann durch das Gepäckloch selbst in der Wand. Der Junge findet mein Gepäck nicht, will aber natürlich Geld haben, 60 Afghani. Ich akzeptiere, denn schließlich ist das seine Geschäftsidee – Geld für etwas zu nehmen, das er nicht findet.

Also beginne ich selbst, nach meinem Gepäck zu suchen, klettere wie die anderen auch auf das Band, suche im Gepäckloch, dann unten auf dem Band, schaue zur Decke, auf den Zementfußboden, sehe perfekt nebeneinander geparkte Taschen, aber keine grüne rechteckige Sache mit CPH auf dem Gepäckschein. Die ist wahrscheinlich noch in Dubai, wo sie bestimmt auf unbestimmte Dauer geparkt ist und auf ihren Besitzer mit Namen Antrak wartet. Die Erschöpfung gleitet wieder in den Körper, die Laune wendet sich, der Ärger wächst.

»Pelle ...«

Ein schwarzer Schleier bedeckt zum Teil ihr Gesicht, aber das blonde Haar, die blauen Augen und die elegante Brille entlarven die Agentin unter dem Schleier.

Wir treffen uns unter einem weiteren Bild von Massoud. Wir wollen uns umarmen, aber als ich Lina anfasse, flüstert sie und lächelt:

»Physischer Kontakt zwischen Frau und Mann in einem Land wie Afghani...«

Ich wache auf, eine begonnene intime Bewegung geht überaus geschmeidig in ein beherrschtes neurotisches Lächeln über.

»60 Afghani«, unterbricht uns der Gepäckjunge.

Lina erwidert etwas auf Dari, der Junge sieht sie an, dann mich und hält dann enttäuscht seine Hand hin:

»Okay, Miss. 5 Afghani.«

Kabul, auf dem Rücksitz eines Toyota Pick-up.

Wir verlassen den Flugplatz fünf Stunden zu spät. Der Fahrer nimmt einen Umweg über etwas, das einem Acker gleicht. Lina fragt, was los sei.

»Explosion ... okay?«

Lina massiert meine Finger, und ich ihre. Wir sitzen

dicht nebeneinander auf dem Rücksitz. Am Straßenrand verkauft ein Mann Pistazien, Fahrradfahrer und Militärfahrzeuge schlagen sich um dieselbe Straße, lachende Jungs in Manchester-United-Hemden spielen Fußball, eine blaue Burka mit sauberen schwarzweißen Nike-Schuhen springt aus einem gelben Taxi, ein Mädchen mit pechschwarzem Haar klopft an die Fensterscheibe des Autos, noch ein Mann verkauft Pistazien am Wegesrand, und Lina fragt:

»Und, wie war's in Kristinehamn?«

Kishmish und eine Sackrattenmütze

Kabul, Afghanistan

Ich habe mich in das Kabul Coffeehouse begeben, das einzige Café der Stadt, in dem man richtigen Kaffee bekommt, nicht Nescafé, sondern Kaffee mit schwarzer Farbe und Koffein, der den Kreislauf in Gang bringt. Angeblich war es seit zehn Jahren nicht so kalt in Afghanistan. Wir haben seit bald vierzehn Tagen kein Wasser, deshalb fühlt es sich luxuriös und ein klein wenig unwirklich an, an einem Ecktisch im Kabul Coffeehouse zu sitzen und einen doppelten Espresso zu trinken. Das Café hat erst vor ein paar Monaten aufgemacht, es liegt in einer Einbahnstraße hinter einem großen Container versteckt, in Plastik und Stacheldraht eingepackt. Einen solchen Ort findet man nicht zufällig, es ist das Gerücht, das einen hierher bringt.

Debbie Rodriguez, die Inhaberin des Cafés, stammt ursprünglich aus Michigan und ist 2001 als Krankenschwester der US Army nach Kabul gekommen. Sie ist von Beruf Friseurin und beschloss dann, in Afghanistan zu bleiben. Hier hat sie die einzige Beauty School für Frauen eröffnet und hat einen Afghanen geheiratet, wurde Ehefrau Nummer 2. Sie ist eine wunderbare Frau mit Distanz, Humor und Integrität. Ihr Mann gehört zum inneren Kreis eines der meistgehassten und meistgeliebten Warlords, Dostum. Das ist ein Herr, der immer mal wieder die Taliban in der rechten und die Regierung in der linken Hand hält. Natürlich besitzt dieser Usbeke große Macht, zumindest ebenso große Macht wie die Regierung des Landes. Und da Debbies Mann für Dostum arbeitet, hat sie von Dostums Leuten eine hundertprozentige Garantie dafür erhalten, dass ihr Café kein Ziel von Attentaten werden wird. »Terror free zone«, sagt sie und surft weiter in der *wireless zone* des Cafés.

Ich verlasse das Kabul Coffeehouse und denke, dass man nicht immer über alles jammern sollte, was nicht funktioniert, irgendwie motiviert es doch mehr, über das zu jubeln, das funktioniert. Wir Westmenschen sind ohnehin tausend Meilen von dem entfernt, was das tägliche Brot für den durchschnittlichen Afghanen ist – überhaupt kein Wasser, schlechte Heizung, dünne Kleider. So wirkt es ein wenig absurd, wenn Angestellte der Vereinten Nationen oder andere Bleichgesichter sich darüber beklagen, dass sie seit drei Tagen nicht geduscht haben. Oder der Kommentar einer weißen, kaugummikauenden Frau in Adidas-Shorts, Sekunden, nachdem ein Selbstmordattentäter im Regierungsviertel Tschüss zum Leben gesagt hatte:

»Sorry, but do we have to cancel the work out now?«

Bei dem Bombenanschlag waren vier afghanische Frauen und ein kleines Kind ums Leben gekommen.

Im Schnitt hält die Polizei jede Woche Autos und Menschen an, die mit Sprengladungen auf dem Weg nach Kabul hinein sind. Der Polizei und dem Geheimdienst gelingt oft, sie zu ergreifen, ehe es zu spät ist. Das ist ein positives Ergebnis der sogenannten Demokratisierung, es zeigt, dass Fortschritte gemacht werden, wenn es auch nur sehr kleine Schritte sind. In der vergangenen Woche sind nur zwei Bomben in Kabul explodiert. Soweit wir wissen. Nicht alle Vorfälle dringen bis zu den Medien vor, und meist erfahren wir nur etwas, wenn es knallt, vor allem, wenn Leute aus dem Westen verletzt oder getötet werden. Dann wird es sozusagen ernst. Nach einem Bombenanschlag müssen sich alle Westler im Haus halten, bis irgendein privater Sicherheitsdienst wieder grünes Licht gibt.

Diejenigen, die für verschiedene Unterstützerorganisationen arbeiten oder im diplomatischen Dienst sind, sollten nicht allein auf der Straße unterwegs sein. Ich selbst gehöre nicht zu diesen Kategorien, und deshalb können mir alle Sicherheitsbeschränkungen schnurz sein. Für die afghanischen Behörden bin ich der Tourist Antrak. Es fühlt sich wunderbar an, auf den Straßen herumgehen, mit den Leuten reden und afghanische Pfannkuchen kaufen zu können – alles so weit entfernt von dem gängigen Kriegsbild des Landes. Ich habe mir einen dichten Bart und einen Schnurrbart zugelegt, trage eine Massoud-Mütze und habe mir ein afghanisches Halstuch aus der Provinz Nuristan über das halbe Gesicht gebunden. Afghanen, die mir auf der Straße begegnen, werden mich kaum als Bedrohung auffassen. Säße ich hingegen in einem großen weißen amerikanischen Ford mit getönten Scheiben, dann wäre mein Leben in viel größerer Gefahr. Doch gegen sechs Uhr abends gehen hier ohnehin die meisten Lichter aus, und dann verlasse nicht einmal mehr ich das Haus.

Während meiner Nachmittagsspaziergänge bin ich von Kindern umgeben, die Stimmung ist oft fröhlich und von lebendigen Gesten geprägt. Doch allzu viele Kinder um mich bedeutet mehr Aufmerksamkeit, und das ist wiederum ein Sicherheitsrisiko per se. Ich empfinde die Afghanen als freundliche und stolze Menschen. Es ist nicht leicht, mit ihnen zu flirten, und das gefällt mir. Afghanen betteln nicht, und sie sind von einem Stolz, der manchmal gegen jede Vernunft geht. Sie verschenken Kleider und Essen und laden zu grünem und schwarzem Tee ein. Noch nie in meinem Leben habe ich so viel Tee getrunken. Nach jedem Einkauf muss Tee getrunken werden. Tee scheint dieselbe Funktion zu haben wie bei uns die Mehrwertsteuer. Man kauft eine Jacke inklusive oder exklusive Tee.

Am nächsten Tag ist Lina zu einer Besprechung in Maidan Shar eingeladen. Die Stadt liegt einige Kilometer außerhalb von Kabul in einem sogenannten talibanfreundlichen Gebiet. Ich beschließe mitzufahren, denn wer weiß, wann ich das nächste Mal Gelegenheit haben werde, nach Maidan Shar zu fahren.

Im Büro des schwedischen Afghanistankomitees in Maidan Shar werde ich gebeten, mich nur in Gesellschaft eines Wachmanns wegzubegeben. Ja, sage ich. Eine Notlüge schadet niemandem, aber ich habe mehr Angst vor der Kälte als vor talibanfreundlichen Einwohnern. »Ich verspreche, in einer Stunde zurück zu sein«, flüstere ich einem der afghanischen Wachleute zu, der natürlich nicht versteht, warum ich flüstere, und noch weniger, was.

Ich habe mir angewöhnt, sehr schnell zu gehen, das erweckt weniger Aufmerksamkeit als der übliche Touristenschlendergang. Ein paar Jungs zeigen High-Five, eine Ziege ignoriert mich, als ob ich Luft wäre, dreizehn Schafe tun dasselbe, während der Hirte mit einem sanften *Inshallah* grüßt. Ich lege die Hand aufs Herz und erwidere ein *Salaam Alaikum*. Dann wandere ich in die Straßen hinein, die weder Namen noch Nummer haben. Natürlich starren die wenigen Menschen, denen ich begegne, mich an, doch ich scheine sie nicht zu stören, sie haben anderes zu tun.

Ich gehe weiter eine Straße hinauf, die ich 345 nenne, ich weiß nicht, warum, aber es klingt gut. In der Tasche habe ich eine kleine Digitalkamera, die ich sehr diskret benutze, wenn ich Lust dazu habe. Ich bin überhaupt nicht der Typ, der jeden Stein dokumentiert, doch ich möchte gern einen Fotobeweis dafür haben, dass ich hier war. Als ich die Kamera wieder in die Tasche stecken will, stolpere ich und lande in einer braungelben Pfütze. Den Mund voller gelbbraunem Lehm, der nach Molke schmeckt, bleibe ich liegen.

Ein etwa zehn Jahre alter Junge mit pechschwarzem Haar und den weißesten Zähnen, die ich je gesehen habe, sitzt auf einer Treppe und beißt sich schier den Finger ab vor Lachen. Im Haus steht ein älterer Herr mit den braunsten Zähnen, die ich je gesehen habe. Sie gehören beide der Volksgruppe der Hazara an. Der ältere Herr wirkt mehr erstaunt, während der Junge immer noch von Lachen geschüttelt wird. Er muss den ganzen Ablauf gesehen haben: Hochgewachsener, dünner Ausländer steht auf dem Kopf in einer Pfütze. Ich spüre, wie meine Haut von kleinen Rinnsalen mit Eiswasser bedeckt ist, an manchen Stellen ist der gelbbraune Schlamm durch alle meine Kleider gedrungen. Ich hatte nicht nur das Pech, in einer Pfütze auf dem Kopf zu stehen, sondern bin außerdem noch in der einzigen Pfütze gelandet, die nicht mit Eis überzogen war. Der Mann winkt mich in sein Haus. Er sagt etwas auf Dari zu dem Jungen, der sofort losläuft und meine Tasche holt. Ein paar Minuten später sitze ich an seinem Tisch, einem gelbbraunen viereckigen Kasten. Der Mann hat kein fließendes Wasser, denn in Maidan Shar ist der Winter noch strenger als in Kabul, deshalb schmilzt er Schnee über dem offenen Feuer. Er nimmt ein paar Tassen, in denen Reis und Lammfleisch gelegen hat, und wäscht sie aus, indem er den Zeigefinger in das kochende Wasser taucht und den Finger als Spülbürste verwendet. Die ganze Zeit benutzt er seinen Körper als Kommunikationsmittel, er zeigt, dass ich mich auf den Fußboden vor die gelbbraune Kiste setzen soll, die Schuhe ausziehen soll, die Kleider zum Trocknen aufhängen soll.

Er gießt schwarzen Tee in die Tasse und rührt mit dem Zeigefinger um. Dann stellt er eine kleine Schale mit Kishmish hin, einer Mischung aus Sukkade und Rosinen, die die Afghanen lieben. Ich sehe, wie sich das Fett von seinem Finger wie eine dicke Haut über den Tee legt. Eine Stimme in mir sagt, ich sollte das nicht trinken, eine andere Stimme sagt, dass ich absolut auf keinen Fall diesen Tee trinken sollte, ich hingegen erkenne, dass es kaum eine bessere kognitive Verhaltenstherapie gegen Angst vor Schmutz geben kann als das hier. Der Mann ist freundlich und wohlwollend, und ich trinke den schwarzen Tee und denke dabei an Pfannkuchen und Ahornsirup. Das Ganze wird ein schöner Moment des Schweigens.

Nach etwa zwanzig Minuten verlasse ich die Familie. Ich gebe dem Jungen meine Kamera und umarme spontan den Vater oder Großvater und danke für den Tee. Dann gehe ich in dem umher, was das Zentrum von Maidan Shar zu sein scheint, ich sehe mich um, alles ist gelb und braun, am Horizont erheben sich schneebedeckte Berge. Es riecht frischer hier als in Kabul, Schafe kacken, Ziegen ignorieren mich, Menschen schauen, ich fühle mich wohl.

Aus dem Nichts kommen ein paar junge Typen zu mir. Sie schauen auf meine Stiefel. Der eine fragt etwas, das ich nicht verstehe, also antworte ich ihm, damit er auch nichts versteht. Er ruft etwas, streckt seine Hand aus, ich erhebe meine und gebe ihm ein High-Five. Ein gelber Toyota Corolla kommt sehr schnell auf uns zugefahren, und ein Mann steigt aus dem Auto. Er zieht den Jungen zu sich, schimpft mit ihm und gibt ihm eine Ohrfeige, dann sieht er mich an. Es folgen irgendwelche unbegreiflichen Phrasen, die wahrscheinlich davon handeln, ob wir einen Kaffee zusammen trinken sollen oder nicht. Auf dem Beifahrersitz des Autos sitzt ein Mann mit einer riesigen Pelzmütze, er ist vollauf mit seinem Handy beschäftigt, einem blauen Nokia. Aus irgendeinem Grund richtet er es auf mich, was mich veranlasst, zu dem Toyota zu gehen und an die Autoscheibe zu klopfen. Als ich klopfe, öffnet er die Tür und steigt aus dem Auto. Er ist groß und kräftig und sieht mich sehr intensiv an. Es zuckt in meinem Bauch, die Tics melden sich. Er schaut auf meine Stiefel, ich auf seine Pelzmütze, er auf meinen Bart, ich auf seine Pelzmütze, er auf meine weißen Punkte unter den Augen, ich auf seine Pelzmütze. Mir ist bewusst, dass bald eine Stunde um ist, dass das Auto mit den Wachleuten jeden Moment angefahren kommen kann, also beginne ich ganz einfach eine Art Smalltalk mit ihm, in dem der Körper die Worte darstellt und das Thema die Pelzmütze ist – etwas, was er offensichtlich sowohl versteht als auch gut findet. Er nimmt die Pelzmütze ab und lässt mich sie aufprobieren. Sie sitzt perfekt und wärmt sehr effektiv. Als ich sie abnehme, sehe ich, dass auf dem Innenfutter mit dem Muster ein gelber Kleber mit irgendeinem Dari-Slogan klebt. Ich frage, wo man eine solche Pelzmütze kaufen kann, und der Mann verwandelt sich sogleich in einen Englisch sprechenden Verkäufer, der mir die Mütze verkaufen beziehungsweise sie gegen meine Stiefel tauschen will. Der eine Bruder des Mannes ist Pelzmützenverkäufer und hat einen *very successful* Pelzmützenladen in Kabul. Der Mann wird jetzt herauszufinden versuchen, ob er noch mehr Mützen dieses Modells hat. Er versucht seinen Bruder in Kabul anzurufen, scheint aber nicht durchzukommen. Ich nehme meinen kleinen Notizblock heraus und bitte ihn, etwas exakter zu beschreiben, wo sich der Pelzmützenladen befindet. Als er fertig gezeichnet hat, bin ich noch verwirrter, doch er ist fröhlicher, und wir trennen uns an einer gelbbraunen Straße, wo die Sonne zwischen den braunen Lehmdächern hereinscheint und die schneebedeckten Berge im Hintergrund zu sehen sind.

Am nächsten Tag geht das Gerücht, Selbstmordattentäter wären in die zentralen Teile Kabuls vorgedrungen und hätten sich an Straßenecken platziert oder würden in Autos sitzen und darauf warten, dass zufällig amerikanische Militärfahrzeuge an ihrem Bauchgurt vorbeikämen. Allerdings ist Kabul eine Stadt, in der die Gerüchteküche nur so brodelt, also ziehe ich mir die Massoud-Mütze über die Augenbrauen und begebe mich hinaus auf meinen täglichen Spaziergang. Die Leute in unserer Straße erkennen mich inzwischen schon, ebenso die Kinder am eingefrorenen Brunnen wie auch Din Mohammad, der Inhaber des kleinen Ladens in unserer Straße, der eine Kombination aus Lebensmittelgeschäft, Bäckerei und Telefonzelle ist. Ich kaufe eine Flasche Wasser, und als er fragt, wohin ich unterwegs bin, erzähle ich von der Pelzmütze, die ich kaufen möchte. Din Mohammad erklärt mir, dass es sich wahrscheinlich nicht um eine gewöhnliche Pelzmütze handelt, sondern um eine sehr ungewöhnliche Sackrattenmütze.

»Very traditional«, sagt er und nickt ernst.

Ich weiß nicht, warum er so ernst nickt, gehe aber mal davon aus, dass es wegen der ausgesuchten Pelzqualität der Sackratte ist. Ich habe keine Ahnung, was eine Sackratte ist, und noch weniger, wo und wovon eine Sackratte lebt. Doch ich habe den Pelz der Sackratte schon auf dem Kopf gehabt und seine Wärme in Minusgraden genossen, deshalb scheinen mir sowohl Ratte als auch Pelz als auch Sack die Investition wert.

Im Sackrattenmützenladen angekommen, versuche ich, mich bedeckt zu halten. Ich begrüße den Verkäufer, einen freundlichen Mann mit buschigem Bart, der allerdings keinen Schnurrbart hat. Das erstaunt mich, um nicht zu sagen, es triggert mich, deshalb frage ich ihn:

»No …?« (Körpersprache für Schnurrbart).

»Scham …?« (Körpersprache für Schnurrbart).

Ohne Vorwarnung versucht er, an meinem Schnurrbart zu ziehen, ich ticse und ziehe an seinem Bart. Ich stehe also mitten in Kabul und ziehe einen Sackrattenmützenverkäufer am Bart, während er an meinem Schnurrbart zieht, zehn Menschen um uns herum lachen, Leute schauen aus Autofenstern, jemand hupt, ein afghanischer Polizist starrt, Jungs applaudieren, wir ziehen und lachen und vergessen mögliche Sprengstoffgürtel um die Ecke.

Es gibt eine Reihe verschiedener Sackrattenmützen zur Auswahl, doch nur eine scheint wirklich aus echtem Sackrattenpelz gemacht zu sein. Die anderen sind Pseudosackratten in Blau, Lila und Grün. Ich setze sie auf, probiere, fühle, und das alles unter Beobachtung der Menschen um mich herum. Die einzige echte Sackrattenmütze erinnert stark an die, die ich in Maidan Shar aufprobiert habe. Als ich die Mütze absetze, sehe ich, dass auf dem Innenfutter ein gelber Kleber mit irgendeinem Dari-Slogan sitzt. Die Mütze muss in Expresstempo von Maidan Shar nach Kabul transportiert worden sein. Ich kaufe die gebrauchte Sackrattenmütze, der Preis sind meine frisch geputzten Stiefel, die ich in einer Supermarkttüte aus Kristinehamn übergebe. Der Verkäufer und ich schütteln uns die Hände, ziehen uns gegenseitig an den Bärten und lachen, ziehen noch mal, lachen noch mal, und dann ist es Zeit für die Mehrwertsteuer – eine Tasse Tee.

Als der Tee ausgetrunken ist und ich erwäge, nach Hause zu gehen, werde ich eingeladen, mit dem Bruder des Sackrattenmützenverkäufers, der ein Stück dieselbe Straße hinunter wohnt, eine Tasse Tee zu trinken, und wenn man zu einem Tee eingeladen wird, dann sagt man Ja zu einer Tasse Tee.

Etwas später befinde ich mich in einer Kombination aus Teppich- und Pelzmützenladen. Ich bin zusammen mit Sackrattenmützenverkäufer Nummer eins und seinem Bruder. Sie winken mich ins Hinterzimmer, wo mir Kishmish und schwarzer Tee serviert werden. Kurz darauf geht die Tür zu noch einem Raum auf, und dort sitzen drei Männer mit den rechteckigsten und wohlgestutztesten Bärten, die ich je gesehen habe. Sie scheinen eine Art Gesellschaftsspiel zu spielen. Der Mann in der Mitte verzieht keine Miene, die beiden anderen gucken auf meine Massoud-Mütze. Die Sackrattenmütze halte ich in der Hand.

Ein paar Tics veranlassen mich, mit dem einen Fuß aufzustampfen und in die Hände zu klatschen, was die drei rechteckigen Bärte veranlasst, mich prüfend zu betrachten. Der Mann in der Mitte sagt etwas auf Dari, er sieht alle im Raum an, nur mich nicht. Neue Tics veranlassen mich, noch eine Mütze zu kaufen, dass es sie nur in hellblauem Pelz gibt, stört mich da und dort erst mal wenig. Mit der Zeit wird mir klar, dass diese Herren nicht gerade die liberalsten Onkels des Landes sind. Es gelingt mir nicht richtig, die Situation zu durchschauen, aber ich begreife doch, dass ich hier dem Fanclub von Hekmatyār vorgestellt worden bin. Der Warlord Hekmatyār hatte sich unter anderem zum Ziel gesetzt, Kabul in Schutt und Asche zu legen, er bombardierte die Stadt so viel er konnte und führte Krieg sowohl mit als auch gegen Massoud. Und als nun der Sackrattenmützenverkäufer Nummer eins die Frage des rechteckigen Bartes in der Mitte übersetzt, was ich von Hekmatyār halten würde … ja, was antwortet man da?

Ich werde ein wenig zittrig und fange an zu schwitzen, die Wärme im Haus setzt mir extrem zu, deshalb nehme ich die Massoud-Mütze ab und lege sie auf meinen Schoß, und ich will gerade eine hoffnungslos falsche Antwort geben, als der Mann in der Mitte seinen Untergebenen zunickt, die mir plötzlich eine große Handvoll Kishmish reichen. Scheinbar habe ich, ohne zu antworten, richtig geantwortet. Wir erheben die Teetassen, prosten uns zu und nicken.

Ich sitze im hintersten Hinterzimmer eines Teppich- und Pelzmützenladens mit zwei Sackrattenmützen in der Hand und einer Massoud-Mütze auf dem Schoß, trinke Teetasse Nummer drei, nicke drei Männern mit rechteckigen Bärten zu, die zurücknicken und Gesellschaftsspiele spielen, während sie Kishmish essen. Alles das nur, weil ich afghanische Sackrattenmützen mag. Ohne zu wissen, was eine Sackratte ist.

Das kriegen wir hin

Neufundland, Kanada

Ziemlich verspätet springe ich in ein Taxi, das mich zum Hotel bringt. Der Nebel ist dicht, es ist unglaublich grau, extrem schön. Nachdem ich eingecheckt, die Reisetasche aufs Bett gelegt und andere Schuhe angezogen habe, verlasse ich das Zimmer wieder und unternehme einen Nachmittagsspaziergang, um mir einen ersten Eindruck von der Stadt zu verschaffen, in der ich auftreten werde. Das tue ich immer. Reiseführer und andere Tipps stören meine Offenheit, sie reduzieren mein Erlebnis auf etwas, was jemand anders schon ausprobiert hat. Ziellos herumzulaufen hingegen lässt den Ort unberührt wirken, er wird zu etwas, dem ich mich selbst aussetze, in diesem Moment, und selbst wenn ich dieses Erlebnis mit über hunderttausend anderen teile, dann ist es doch nur mein eigenes Erleben, das zählt.

Ich spaziere ins Zentrum von St. John's. Ich kann nur zehn Meter weit sehen, aus dem Nebel höre ich jemanden Dudelsack spielen, Stimmen aus einer Kneipe, ein tutendes Schiff, Stimmen aus noch einer Kneipe.

Man weiß nicht mit Sicherheit, ob es Wikinger oder Spanier waren, die zuerst nach Neufundland und Labrador kamen. In den 1940er-Jahren wurde die Gegend kanadisch, davor war sie britisch, und es heißt, manche Neufundländer seien schottischer als die Schotten in Glasgow. St. John's ist die größte Stadt auf Neufundland. Hundertfünfzigtausend Seelen wohnen hier, weitere dreihundertfünfzigtausend bevölkern kleine Fischerdörfer, vor allem an der Westküste der Insel. Als die Dorschfischerei in den 1990er-Jahren eingestellt wurde, starb das meiste Leben auf Neufundland ab, und die Gegend wurde zum Inbegriff für soziales Elend, Arbeitslosigkeit und Alkoholismus. Dann kam das Öl, und damit schwappte eine Welle von Abenteurern über Neufundland, wovon vor allem St. John's profitierte. St. John's, das San Francisco der Ostküste, ist die älteste Stadt Nordamerikas. Sie ist auf Hügel gebaut und hat ein Straßensystem im Stil einer Berg-und-Tal-Bahn. Abgesehen vom Fisch, ist die Gegend bekannt, weil die *Titanic* ein paar Meilen vor Nova Scotia und Neufundland mit einem Eisberg kollidierte, und weil Neufundland ein beliebter Drehort für diverse Hollywoodfilme ist. Es ist billiger, in Kanada einen Film aufzunehmen, als in den USA, wenn wir also glauben, in New York, Kalifornien oder Bosnien zu sein, sind wir in Wirklichkeit oft in Toronto, Vancouver oder St. John's. Neufundland hat alles, was ein Film braucht: zuverlässig unzuverlässiges Wetter, Leuchttürme, Meer, Berge, Flüsse, freundliche Menschen.

Auf der Water Street, der Hauptstraße von St. John's, kommt ein Bettler auf mich zu. Er nimmt ein paar Münzen aus seinem Becher und murmelt etwas in einem amerikanisch-schottisch-alkoholhaltigen Dialekt. Ich interpretiere es so, dass er wohl Geld möchte, für die universale Bettlersprache braucht es schließlich keine besondere Begabung – ein leerer Kaffeebecher aus Pappe, eine Hand, ein unterwürfiges Lächeln. Doch als ich einen Dollar heraushole, hindert er mich daran, ihn in den Becher zu legen, und murmelt: »No, you, you.« Möchte er Geld wechseln oder nimmt er nur Münzen, keine Scheine? Eine vorübergehende Frau bleibt stehen und spricht kurz mit dem Bettler. Ich wende mich ihr zu und sage:

»Möchte er, dass ich ihm einen Kaffee kaufe? Will er mir einen Dollar geben, sodass ich ihm einen Kaffee kaufen kann?«

»Nein. Sie sollen für sich selbst einen Kaffee kaufen,

mit seinem Geld. Er lädt Sie ein«, antwortet die Frau und fährt fort: »Er möchte Ihnen einen Kaffee schenken als freundliche Geste an einen einsamen Touristen, der sich freiwillig bis hier herauf begeben hat. Enttäuschen Sie ihn nicht.«

Der Bettler lächelt mich herzlich an, dann dreht er sich um und sagt:

»Please, can you spare a dollar for an old Vietnam vet like me ...«

Jemand gibt ihm einen Dollar, und sein Haushalt ist wieder ausgeglichen.

Ich begebe mich zum Hafen hinunter. Der Nebel hat sich ein wenig aufgelöst, ich kann die Konturen des Hafenbeckens, einen engen Sund am Horizont, Lastkräne und Schiffe erkennen. Ich gehe ganz zum Ende des Kais hinaus, schließe die Augen, atme das Atlantiksalz ein, atme den Jetlag aus und spüre, wie sich ein angenehmes Gefühl im Körper ausbreitet.

Dann schlendere ich weiter durch die Straßen, bekomme plötzlich Lust auf Dorsch und betrete The Celtic Inn und bestelle einen *fried cod and chips*. Es dauert nicht lange, bis ich gefragt werde: »So what brings you to a place like this, and where're you from, son?«

Fünf Stunden später verlasse ich das Lokal. Ich wanke unsicher die Hügel hinauf, sehe doppelte Straßen, viereckige Autos und diskutiere mit den Möwen, die sich darum schlagen, wer mich ins Bett bringen darf. Im Hotelbett rotiert die Decke wie eine elektrische Zahnbürste, im Hintergrund höre ich Schiffe tuten, Neufundländer bellen, meine eigene Singstimme aus der Bar, Folkmusik, »bloody viking, beers on us«, und ganz hinten stöhnt ein Dudelsack »Bruder Jakob, Bruder Jakob, schläfst du noch?«.

Ich habe massenhaft Bier getrunken, Mengen von Dorsch gegessen, gelacht und gesungen in einer Kneipe, von der ich nicht wusste, dass es sie gibt, und umgeben von Menschen, die ihrer eigenen Aussage nach die Tradition haben, einen Wikinger zu Bier und Essen einzuladen. Es wurde ein besinnungsloser Abend.

Morgen beginnt der Kongress, dessen Eröffnungsrede ich halten soll. Ich werde gezwungen sein, Fisherman's Friend und Ahornsirup zu inhalieren, um den Tagesrhythmus und die Worte zu finden. Es ist ein wichtiges Publikum, das mir in der Zukunft spannende Aufträge erteilen kann … Obwohl die Zukunft sich in diesem Moment, wenige Stunden vor dem Vortrag, wie die reine Hölle anfühlt. Ich kann kaum zwischen Ahornsirup und Sirup, Kajak und Kanu, Dorsch und Hering unterscheiden, sondern weiß nur, dass es die Möwen waren, die mich verführt haben.

Ich liege im Bett und fühle mich ausgemergelt, obwohl ich kiloweise Essen vertilge. Ich habe Angst, dass irgendwas mit mir nicht stimmt. Womöglich sterbe ich, oder beherberge einen Parasiten. Wenn ich hier draußen auf Neufundland sterben würde, was wäre dann? Wer würde für den Sarg bezahlen, für die Heimreise, wer wird mich finden, wer holt mich, und was wird die Polizei denken, wenn sie all die leeren Flaschen Ahornsirup auf der Minibar sieht?

Ich habe Angst davor, allein zu sterben. Vor dem Tod habe ich keine Angst. So wahnsinnig lustig ist das Leben nun auch wieder nicht. Ich weiß, dass ich eigentlich auf niemanden Rücksicht nehmen muss, ich habe nur mich selbst und mein Ego und Menschen, auf die ich Rücksicht nehmen will, aber ich muss auf niemanden Rücksicht nehmen. Das birgt sowohl Freiheit als auch eine große Leere. Solange die Freude über die Sorge siegt, ist das Leben lebenswert, denn ich kenne die Alternative schließlich nicht. Der Tod erzählt nie davon, wie es ihm geht, er tritt nie auf Podiumsdiskussionen in Erscheinung und ignoriert die Forderungen der Gesellschaft nach Aufklärung vollkommen. Wenn der Tod eine Frau ist, wovon ich eigentlich ausgehe, dann ist sie es wert, dass man auf sie wartet – sie wird mich von allen Sorgen befreien und mir Ruhe schenken. So soll es sein, der Sarg muss warten, während ich den Gast in meinem Magen mit mindestens einer Flasche Ahornsirup am Tag ertränke.

Als ich zusammen mit Mary und Richard aus dem Organisationskomitee beim Starbucks in St. John's sitze, bin ich müde, aber zufrieden. Meine Eröffnungsrede lief besser, als das Lampenfieber hätte vermuten lassen, Fräulein Tod hat sich auch diesmal noch zurückgehalten.

Charakteristisch für die Menschen auf dieser Seite des Atlantiks ist die Das-kriegen-wir-hin-Einstellung. Und sie meinen das wirklich. Sie meinen, dass wir es hinkriegen, das meiste kriegen wir hin, das meiste kann man arrangieren. Als Mary mich fragt, woran ich denke, antworte ich:

»Wenn ich mit dem Kajak zu einem Eisberg paddeln könnte ...«

Fünf Stunden später werde ich eine Stunde südöstlich von der neufundländischen Küste zusammen mit drei anderen von dem Frachter *Alice* abgeseilt, jeder in seinem

Seayak-Touring-Kajak, in Trockenanzug, Schwimmweste und mit selbstauslösenden Signalraketen. Natürlich kennt Mary den Kapitän der *Alice*.

Ungefähr einen Kilometer rechts von uns können wir etwas sehen, das wie ein kitschiges Bild aussieht. Die Sonne, das Meer und ein Eisberg auf dem Weg nach Süden. Der Eisberg wirkt klein, doch das ist eine Täuschung, ein schwimmender Betrug. Wenn der Eisberg seine lange Reise von Nordkanada und Grönland beginnt, ist er am größten und am wenigsten gefährlich, denn er zeigt sich in seiner vollen Pracht und Größe. Doch je länger er nach Süden schwimmt, desto kleiner wird er, ein natürliches Ergebnis der Begegnung mit warmen Strömungen. Am gefährlichsten ist er, wenn er am kleinsten ist, wenn alles oberhalb der Wasseroberfläche geschmolzen ist. Dann liegt er grandios unter der Wasseroberfläche und lauert – die reinste Todesfalle für Schiffe jeder Größenordnung. Eisberge können schwer zu erkennen sein, und sie tauchen auf, wenn man es am wenigsten ahnt. An der Ostküste Neufundlands kommen sie fast das ganze Jahr vorbei.

Als ich in meinem Seayak-Kajak sitze, befinde ich mich im selben Gewässer, das die *Titanic* verschlang, nur wenige Meilen entfernt liegt das Schiff auf dem Meeresboden begraben, still und friedlich, von einem schweigenden Eisberg versenkt. Natürlich gibt es arrangierte Eisbergsafaris, auf denen man nachfühlen darf, wie es ist, auf dem Wasser zu fahren, das die *Titanic* begraben hat, und natürlich lockt dies jedes Jahr massenhaft Touristen an. Ehrlich gesagt, finde ich es ein wenig makaber, wenn Menschen dermaßen vom Schicksal der *Titanic* besessen sind, dass sie jede Menge Souvenirs kaufen, das Meer fotografieren, sich historisch gewanden und über die Wasseroberfläche spähen, um vielleicht, vielleicht einen Schimmer von Leonardo DiCaprio und Kate Winslet zu erhaschen.

Doch wir sind wegen des Eisbergs hier. Oder besser gesagt, um unserer selbst willen und um die Möglichkeit zu erhalten, mit einem Eisberg zu flirten. Es war ein absurdes Gefühl, sich ins Kajak zu setzen, das auf einer Palette lag und achtern von dem Schiff ins Wasser gelassen wurde. Im Wasser angekommen, sollte ich wie hammerkrank paddeln, um so weit wie möglich vom Schiff wegzukommen. Das war eine Sicherheitsmaßnahme, weil es unmöglich ist, direkt vom Schiff ins Kajak zu steigen, dann hätten die Wellen das Kajak gegen den Rumpf des Schiffes geschleudert, und Leonardo und Kate hätten mit einem Mal einen neuen Gefährten im Trockenanzug bekommen.

In den beiden anderen Kajaks sitzen Minnie und Robert, Kollegen und Freunde von Mary. Wir halten uns dicht beieinander und haben den Frachter neben uns, was auf dem Atlantik bedeutet, dreihundert Meter weg. Die Wellen sind höher, als ich gedacht hatte, sie haben uns fest im Griff, und wir müssen hart arbeiten, um die Kajaks in die richtige Richtung zu bugsieren.

Das Kajak, der Atlantik und ich bilden eine Dreieinigkeit aus hundertprozentiger Nähe und Einklang, und ich würde am liebsten losheulen. Ich hätte keine Chance, hier draußen zu überleben, wenn die Natur mich nicht mögen würde. Ganz gleich, wie viel Respekt ich der Natur erweise, kann sie mich in wenigen Sekunden vernichten, doch aus irgendeinem Grund ist mir das ganz egal, ich mache einfach mit, der Körper wird von Euphorie erfüllt.

Keiner von uns sagt etwas. Wir werfen einander Blicke zu, manchmal lächeln wir, während wir uns umsehen. Wir paddeln und gleiten, und wir suchen nach dem Eisberg, den wir noch vor wenigen Minuten vom Schiff aus gesehen haben, der jetzt aber plötzlich verschwunden zu sein scheint. Was noch vor einer halben Stunde ein Kitschbild mit Sonne über Meer war, ist nun allmählich zu Wolken über Wellen geworden.

»Vorsicht!«, ruft eine Megafonstimme vom Frachter *Alice*. »VORSICHT!«

»Ich kann ihn nicht sehen«, sagt Minnie.

»Ich auch nicht«, antwortet Robert.

»Müsste er nicht hier sein?«, frage ich.

Mitten in der Verwirrung werde ich von dem einzigartigen Gefühl heimgesucht, im Nichts zu sein. Wir hören unsere Paddelschläge, die Motoren der *Alice* brummen im Leerlauf im Hintergrund, Möwen, Wellen. Plötzlich werden wir in Nebel und eiskalten Wind gewischt und können die Kajaks der anderen nicht mehr erkennen, doch als wir auf der anderen Seite der Nebelbank herauskommen, sieht ein majestätisches Werk auf uns herab – der Eisberg. Der kalte Nebel umlagert alle Eisberge von dieser Größe und ist ein erstes Warnzeichen für vorbeifahrende Schiffe. Wir sind dreihundert Meter von dem Eisberg entfernt. Schon allein der Teil, der sichtbar ist, ist riesig. Vom Schiff aus wirkt er klein, doch vom Kajak aus gleicht er einer gigantischen Statue, die sich mindestens hundert Meter hoch in die Luft erhebt, atemberaubend, harmonisch und stattlich.

Ich will den Eisberg anfassen, will ein Stück von seinem Körper losschlagen und als Souvenir mit nach Hause nehmen, dann das Souvenir in einem Topf schmelzen und Tee daraus kochen. Robert und Minnie sind ein paar Meter hinter mir, ich mache ein paar zusätzliche Paddelschläge, doch die Megafonstimme vom Frachter unterbricht mich barsch:

»Stehenbleiben. Sofort. SOFORT!«

Schiffe müssen sich mindestens ein paar hundert Meter von einem Eisberg entfernt halten, denn es können sich Eisblöcke lösen, auf die Wasseroberfläche schlagen – im besten Fall wenigstens – und lebensgefährliche Wellen erzeugen. Ich muss nicht einmal zu Ende denken, was solche Wellen dann mit einem Kajak anstellen würden. Wir dürfen nicht näher an den Eisberg heranpaddeln.

Tics – Zucken im Bauch, Geräusch, Klatschen.

Ich kann der Versuchung nicht widerstehen, noch etwas näher zu paddeln.

»STEHENBLEIBEN. SOFORT!«

Es fällt mir so schwer, umzudrehen und mich von dem Eisberg zweihundert Meter vor mir zu verabschieden. Wir schweigen, nehmen die Geräusche um uns herum auf und merken nicht, dass wir in noch eine Nebelbank geraten sind, die sowohl breiter als auch dichter ist als die vorherige. Eben noch habe ich Minnie klar und deutlich zwanzig Meter von mir entfernt gesehen. Jetzt ist sie weg.

»Wir müssen beidrehen«, ruft die Stimme aus dem Megafon.

Der Frachter *Alice* liegt jetzt direkt neben uns, er ist uns per Radar gefolgt, und als ich mich ihm nähere, haben Minnie und Robert schon an dem Steg angelegt, der in Achtern ins Wasser ragt. Ich habe Lust, einfach abzuhauen, weiter in den Nebel hineinzupaddeln.

Tics – Zucken im Bauch, Geräusch, Klatschen.

Ich frage, ob ich ein bisschen allein paddeln darf, nur zweihundert Meter vielleicht? Und erhalte einen barschen Ruf als Antwort:

»SOFORT HIERHER, SANDSTRAK. SOFORT!«

Widerwillig paddele ich zum Steg. Ein Bowdenzug wird an das vordere Ende des Kajaks gekoppelt, und dann zieht ein Kran mich auf den Steg. Antiklimax.

Die knappe Stunde Fahrt zurück nach St. John's wird zu einer Lektion über die Hyperaktivität des Wetters bei Neufundland. Was als Eisnebel begonnen hat, hat sich jetzt in eine dicke grießbreiartige Masse, gewürzt mit kräftigen Regenböen und aggressiven Fallwinden, verwandelt. Auf dem Weg zurück sitzen wir still da, vollgestopft mit Atlantikluft und Nebel und Eisbergbildern und dem Magen aus dem Gleichgewicht.

An Land essen wir ein anständiges Mittagessen – gebratener Dorsch, Kartoffeln und etwas, was an Eisbergsalat erinnert.

»Woran denkst du, Pelle?«, fragt Mary wieder.

Ich antworte, ohne nachzudenken:

»Wenn wir doch den Nachmittagskaffee an Cape Spear einnehmen könnten ...«

»Das kriegen wir hin.«

Eine Stunde später sitzen Mary, Minnie, Robert und ich am Cape Spear Lighthouse, dem östlichsten Punkt Nordamerikas, und trinken schwarzen Kaffee aus einer blauen Thermoskanne. An eben diesem Leuchtturm sind im Laufe der Jahre schon mehrere Hollywoodfilme eingespielt worden: »Kap der Angst«, »Schnee, der auf Zedern fällt«, »Schiffsmeldungen« und »Shining« sind nur einige davon.

Wir trinken Kaffee, essen Zuckerbrezeln und sehen auf das offene Meer hinaus, in die Sonne und den Nebel und zu einem einsamen Eisberg, weit draußen am Horizont. Vielleicht ist es der Eisberg, zu dem wir gepaddelt sind. Es ist faszinierend, wie etwas dermaßen Gefährliches aus der Entfernung so unschuldig aussehen kann.

In vier Tagen soll ich in Vancouver reden. Vancouver ist der Gegensatz zu St. John's, wenn auch mit demselben Grundprinzip – St. John's sieht auf den Atlantik hinaus und wird von ehemaligen Europäern bevölkert, während Vancouver auf den Pazifik hinaussieht und von ehemaligen Asiaten bevölkert wird. Der Plan ist, dass ich St. John's–Toronto–Vancouver fliegen und morgen Abend dort sein soll. Das würde mir drei Tage in Vancouver bescheren, was mindestens zwei zu viel sind, denn ich war schon ein paarmal dort und finde es schwer, noch weitere Kicks aus der Stadt herauszupressen. Ich folge meinem Impuls, buche um und tausche eine Alternative gegen eine andere. Ich werde es rechtzeitig nach Vancouver schaffen, und als ich mich von der Website der Air Canada auslogge, ist meine Route Gander–Toronto–Vancouver. Doch dazu muss ich zuerst nach Gander kommen, einem Außenposten Neufundlands mit der Betonung auf »Außen«. Weiter raus kann man kaum kommen.

»Gander …?«, fragt Mary, als ich ihr erzähle, wohin ich fahren will. »Warum Gander …?«

Meine Reisepläne nach Gander wecken mehr Verwunderung, als wenn ich mit dem Kajak zurück nach Europa paddeln wollte. Alle sehen mich an, als würde ich Witze machen, doch als sie kapieren, dass ich es ernst meine, höre ich wieder ein entspanntes:

»Das kriegen wir hin.«

Auf der Karte sieht die Strecke wie ein Tortenstück aus, man muss nur um die Torte herumfahren, langsam an der Sahne entlangschlittern und dann das Marzipan abbeißen. Die Reise wird zahlreiche Stunden in Anspruch nehmen, wie viele genau, das hängt von der Aggressivität des Grießbreinebels ab. Der Grießbreinebel ist so etwas wie der Diktator Neufundlands, er steuert das Verkehrsleben ebenso wie das Liebesleben. Minnie und Robert haben sich vor fünf Jahren kennengelernt, als der Grießbreinebel die Insel im eisernen Griff hatte. In jenem Jahr hatte der Diktator schlechte Laune und bestrafte das Volk oft mit langen und erschöpfenden Nebelperioden. Die Menschen waren gezwungen, in ihren Autos sitzen zu bleiben, bis der Nebel sich auflöste. Minnie und Robert saßen im selben Taxi. Fünf Jahre später lächeln sie schicksalsergeben in den Grießbreinebel.

Ich miete einen Dodge Caliber, und wir zwei verstehen uns schon nach der dritten Ampel. Nach ein paar Stunden Fahrt mit Kaffee, Nüssen und Zitronensprudel meine ich, mich dem Rand des Tortenstücks zu nähern, doch ein Blick auf die Karte zeigt mir, dass ich noch nicht einmal bei der Torte angekommen bin. Die Entfernungen sind enorm. Die ersten Meilen ist die Natur schön und spannend, dann wird sie ganz einfach langweilig. Im Radio läuft Fahrstuhlmusik aus den 1970er- und 1980er-Jahren. Zwischen den Songs wird sehr energisch über den Vormarsch der Ölindustrie, den Abmarsch der Fischindustrie und den Aufmarsch der Hockeymannschaft diskutiert, wie auch über den Nebel, der im Laufe des Abends das Land erreicht haben soll. Ich stelle fest, dass der Tank bereits über die Hälfte leer ist. Wird das den ganzen Weg nach Gander reichen? Ich fahre etwas langsamer, um den Verbrauch zu verringern, und versuche meine Energie darauf zu verlagern, mich im Auto wohlzufühlen, und nicht auf den immer leerer werdenden Benzintank.

Seit ich St. John's vor einigen Stunden verlassen habe, habe ich kein einziges lebendiges Wesen gesehen. An der Strecke habe ich acht Fahrzeuge bemerkt, darunter fünf Lastwagen mit gigantischen Ölrohren. Ich halte an, mache den Hosenladen auf, pinkele in den Atlantik und fahre weiter mit einer Tankfüllung, die, wie mir Mietauto-Johnny versichert hat, bis Gander reichen sollte.

Zwischendurch fahre ich etwas langsamer und sehe zu dem klarblauen Himmel hinauf. Fünfunddreißigtausend Fuß über dem Autodach sitzen in diesem Augenblick Tausende von Menschen und nehmen ihr Abendessen ein, Chicken Surprise mit Salat und hinterher Schokoladenpudding, bestimmt mit einer Tasse Kaffee oder Tee als Abschluss. Und das geschieht jeden Tag, das ganze Jahr über. Neufundland ist der letzte Außenposten, ehe die Flugzeuge nach Europa über dem Atlantik verschwinden, und die erste Möglichkeit zu landen, wenn sie aus Europa zurückkehren. Die meisten Flugzeuge von Europa und Asien machen einen Schwenk über die Südspitze Grönlands und gleiten dann nach Süden und über Neufundland.

Gander ist bekannt dafür, dass es einmal die wichtigste Flugbasis des nordamerikanischen Kontinents war. Während des Zweiten Weltkriegs wurde der Flugplatz in Gander als letzter Ort für ein taktisches Briefing eingesetzt, ehe die amerikanischen Bomber Kurs auf Europa nahmen. In den 1960er- und 1970er-Jahren noch landeten alle Flugzeuge von Europa hier und tankten, ehe sie nach New York, Los Angeles oder Chicago weiterflogen. Die Engländer waren es, die in den 1930er-Jahren Gander als Basis für ihre Flüge über den Atlantik einrichteten. Die Stadt lag weit genug im Landesinneren, sodass man den schlimmsten Nebel nicht mitbekam, und nah genug an Europa, um transatlantische Flüge bewerkstelligen zu können.

Ein paar Meilen nach dem Terra Nova Nationalpark finde ich in Port Blandford eine Tankstelle. Doch kann man sie kaum Tankstelle nennen, denn es scheint lange her, seit in den Pumpen Benzin gewesen ist.

Ich halte an der Tankstelle ohne Benzin und parke gegenüber von vier Sattelzügen. Ein fünftes Fahrzeug, ein Lastwagen ohne Anhänger, vibriert im Leerlauf. Ich betrete die Tankstelle, doch sie ist leer, kein Mensch zu sehen. Aus einem Zimmer rechts vom Tresen höre ich die Stimme eines Sportkommentators. Ich stecke den Kopf ins Zimmer, und da sind sie alle versammelt – die Lastwagenfahrer, eine Frau und der Mann, dem wahrscheinlich die Tankstelle gehört. Ken Ryan steht auf seinem Namensschild. Alle schauen auf einen kleinen Wohnwagenfernseher, der ein Match in der Farmerliga zwischen den St. John's Suckers und den Halifax' Truckers zeigt. Die Frau in der Gruppe nickt mir zu, die Lastwagenfahrergang hebt nur eine Hand zur Begrüßung, doch Ken Ryan steht auf und schüttelt mir die Hand, als ob er seit Tagen auf mich gewartet hätte:

»Perfekt, ich weiß, wer Sie sind, der dänische Dynamitteufel«, lacht er.

»Ich bin nicht aus Dänemark, ich komme aus ...«

»Perfekt!«, lacht er nur noch lauter.

Ken Ryan hat dieselbe Klasse besucht wie Mietwagen-Johnny, und das reicht offenbar aus, um ihn wissen zu lassen, dass ich unterwegs bin. Ich berichte von dem Benzinproblem, was Ken Ryan nicht weiter erstaunt, denn Mietwagen-Johnny vergisst offenbar öfter, die Tanks seiner Wagen aufzufüllen.

Ich lehne mich an den Tresen, presse meine Stiefel auf den Boden, um die Fersen zu spüren, eine Art Tic, den ich seit Kindertagen habe, und das Gefühl der Unüberwindbarkeit wächst in mir.

Ken Ryan sagt, dass er möglicherweise Benzin würde beschaffen können, aber das würde einen halben Tag dauern. Ich frage, ob es vielleicht möglich ist, den Mietwagen in Port Blandford stehen zu lassen. Könnte Ken Ryan, wenn ich bezahle und die Papiere unterschreibe, jemanden das Auto zu Mietwagen-Johnny zurückbringen lassen? Ken Ryan verspricht, sich darum zu kümmern, wenn ich mich um mich selbst kümmere. Ich frage:

»Wann geht der Bus?«

»Er wird heute nicht fahren«, sagt Ken Ryan.

»Wer?«

»John. Der Busfahrer. Heute ist er Feuerwehrmann.«

»Feuerwehrmann?«

»Auf dem Flugplatz.«

»Welcher Flugplatz?«

»Gander International. Die haben heute eine Übung. Deshalb geht kein Bus.«

»Aber er muss doch nach Gander ...«

»Er ist schon los. Mit dem Bus.«

»Also ist der Bus doch gefahren?«

»Heute früh.«

Ken Ryan sieht die Lastwagenfahrer fragend an, die im Begriff sind, das Lokal zu verlassen.

»Tut mir leid, St. John's. Bis nächste Woche, Kenny«, antwortet einer von ihnen, ehe er rausgeht.

Ich höre, wie die Dieselmotoren einer nach dem anderen gestartet werden, sie bilden einen sehr schönen und einstimmigen Motorenchor.

»Sie können mit mir fahren«, sagt die Frau, die Lindsay Ross heißt und immer noch da ist. »Wir können fahren, wann Sie wollen. Wie wäre es mit jetzt gleich?«

»Jetzt gleich ist perfekt«, erwidere ich.

»Wenn Sie nur nichts dagegen haben, die Fahrerbank mit einer Pfarrerin zu teilen«, sagte Ken Ryan und lacht. Dann fügt er aus irgendeinem Grund hinzu: »Bis später in Gander.«

Ich stampfe mit dem Fuß auf und folge Lindsay Ross zu dem Lastwagen ohne Anhänger, der immer noch im Leerlauf vibriert. Sie springt auf der Fahrerseite ins Auto und macht mir die Tür auf, ich werfe meine Sachen auf den Sitz und klettere dann hinauf. Ken Ryan steht neben einer der Zapfsäulen ohne Benzin und winkt uns nach.

»Wie seltsam, dass er die Zapfsäulen nicht wegmacht, es könnte doch jemand glauben, dass Benzin drin ist«, sage ich, nachdem ich ihr für ihre Hilfe gedankt habe.

»Warum denn, es wissen doch alle, dass kein Benzin drin ist«, antwortet Lindsay Ross und zieht die dicke Daunenjacke aus. Und da verstehe ich, dass Ken Ryan keinen Witz gemacht hat, Lindsay Ross ist Pfarrerin. Der weiße Kragen auf ihrem schwarzen Hemd verleiht ihr mit einem Mal eine neue Dimension. Sie ist kräftig und hat einen männlichen Körper, doch ihre extrem weiblichen Finger und ihre Stimme machen sie femininer als jede andere durchschnittliche Frau. Als ich frage, ob sie hier den Lastwagen ihres Mannes fährt, lächelt sie nur. Schon bald lerne ich, dass ich zwei Fehler in einer Frage gemacht habe – es ist ihr eigener Lastwagen und sie ist lesbisch.

»Ist das in Neufundland ein Problem?«, frage ich.

»Frau zu sein und Lastwagen zu fahren oder lesbische Pfarrerin zu sein?«

»Lesbische Pfarrerin zu sein und Lastwagen zu fahren.«

»Wenn der Lastwagen nicht wäre, dann wäre das Leben als lesbische Pfarrerin viel leichter«, sagt Lindsay Ross so ernst, dass ich erst nicht merke, dass sie mich auf den Arm nimmt.

»Auf einem Treffen unten in Toronto hat ein Pfarrer gefragt, ob ich Gott bevor oder nachdem ich lesbisch geworden bin, begegnet bin.«

»Und was haben Sie geantwortet?«

»Dass ich Gott begegnet bin, als ich meinen Lastwagen gekauft habe«, antwortet sie ernst, um dann in Lachen auszubrechen. »Lesbisch zu sein, ist, wie es ist, und in der Kirche höre ich natürlich hin und wieder säuerliche Kommentare.«

»Wer ist am sauersten?«

»Da ich in Kanada lebe, bleibt mir das Schlimmste erspart. Im Vergleich zu hier sind manche Teile von den USA die reinste Steinzeit. Die Chefs in Montreal und Manitoba beruhigen sich wohl damit, dass hier draußen in Neufundland sowieso nur halb Verrückte leben. Sie kommen so gut wie nie hierher, und sie wissen, dass ich am liebsten hierbleiben möchte, also kann ich keinen großen Schaden anrichten.«

»Schaden?«

»Sie haben natürlich Angst, dass die ganze Bevölkerung von Neufundland lesbisch werden und Lastwagen ohne Ladefläche fahren könnte. Für uns hier draußen ist es aber keine große Sache, wer schert sich schon darum, wer mit wem zusammen ist? In einem Klima und einer Landschaft wie dieser ist es schlichtweg viel leichter und bequemer für mich, mich in einem Lastwagen fortzubewegen, allerdings ohne Ladefläche. Ich muss schließlich zu den Leuten hinkommen, Seelenretter wie ein Pfarrer oder ein Kantor sollten auch Blaulicht auf dem Dach haben können.«

Eine Zeitlang fährt sie schweigend, dann sagt sie aus heiterem Himmel:

»Irgendwas stimmt nicht mit Ken Ryans Verhältnis zur Zeit. Er scheint chronischen Jetlag zu haben.«

»Sie waren also auch Kantorin?«, frage ich.

»Wieso auch?«

»Pfarrerin und Kantorin?«

»Nur Kantorin.«

»Nicht Pfarrerin?«

»Ich tue nur so, als ob. Ron, unser Bezirkspfarrer, liegt in Halifax im Krankenhaus, und weil kein ausgebildeter Pfarrer hier einspringen wollte, haben Ron und ich uns darauf geeinigt, dass ich doch seinen Dienst übernehmen könnte, bis es ihm wieder besser geht. Das ist jetzt zwei Jahre her. Ich kann die meisten Predigten auswendig. Außerdem bin ich genauso religiös wie Ron und kenne fast jede Seele hier draußen. Solange die Leute mich akzeptieren, sehen wir keine Veranlassung, die Stelle noch mal auszuschreiben. Doch im Grunde meines Herzens bin ich Kantorin. Das ist mein Leben. Im Laufe der Jahre habe ich in jeder Kirche hier gespielt.«

»Wann kommt Ron zurück?«

»Er wird wohl nicht zurückkommen.«

Sie fährt schweigend weiter, und ich muss über Gander nachdenken. Obwohl ich in der Schule wie verrückt Weltkarten studierte und ein echter Flugzeug- und Geografiefanatiker war, haben mich erst die Ereignisse am 11. September 2001 für Gander eingenommen. Nach den Anschlägen auf das World Trade Center mussten ankommende Flugzeuge aus Europa augenblicklich in Neufundland runtergehen. Mindestens zwanzig größere Passagierflugzeuge landeten so auf dem Gander International Airport.

Doch Gander öffnete nicht nur seine Landebahnen für zwanzig gut besetzte Jets, es öffnete auch die Türen seiner Häuser für mehrere tausend Flugpassagiere, die plötzlich weit draußen in Neufundland gestrandet waren. Danach verbreitete sich das Gerücht, in Neufundland würden die gastfreundlichsten Menschen der Welt leben – etwas, was ich ja schon in Form einer Eisbergsafari à la *Titanic* und frischem Kaffee am Cape Spear Lighthouse erfahren durfte. Und jetzt wieder, im Lastwagen mit Lindsay Ross.

»Waren Sie am 11. September im Dienst?«, frage ich.

»Ich war in St. John's und spielte Orgel in einer Kirche. Meine Mutter rief am Morgen an und erzählte mir von all den großen Flugzeugen, die in Gander landeten. Uns war klar, dass irgendetwas nicht stimmte, aber wir dachten nur, es sei ein technischer Fehler, vielleicht mit dem Navigationssystem. Wir sahen zunächst die Flugzeuge landen und dann erst die Nachrichten im Fernsehen. Zwischen Gander und St. John's ging ein ständiger Shuttleservice, die Menschen brauchten schließlich irgendetwas, wo sie schlafen konnten. In Gander gibt es nur ein paar Hotels, und die reichten nicht einmal für die Besatzungen der Flugzeuge. Als dann die Häuser in Gander, Charlottetown, Terra Nova und Port Blandford voll waren, öffneten auch die Einwohner von St. John's ihre Türen. So auch meine Mutter. Sie lebt immer noch in meinem Elternhaus. Zeitweilig wohnten sechzehn Leute bei ihr. Mama zog zu ihrer Schwester, um zwei frisch angekommenen Koreanern Platz zu machen. Ich fühlte mich wie eine Hotelbesitzerin, und gleichzeitig spielte ich bei all den spontanen Gottesdiensten, die abgehalten wurden. Es kamen Menschen aus der ganzen Welt, Menschen aus allen möglichen Religionen waren plötzlich gezwungen, gemeinsam unter einem Dach zu leben und dieselbe Musik anzuhören. Dann mussten die Gottesdienste leider in Gedenkgottesdienste und Zeremonien für die Gestorbenen umgewandelt werden. Viele Kanadier und auch einige aus Neufundland kamen ums Leben. So war es eine traurige, anstrengende und ... ja, und eine herrliche Zeit.«

»Herrlich?«

»Gott hat dafür gesorgt, den Menschen in diesen Tagen, trotz der Dominanz des Bösen, Gutes zu tun. Neue Verbindungen wurden geknüpft, und ich selbst begann Teil drei meines Lebens.«

Sie drückt ein Telefongespräch auf dem Handy weg und fährt fort:

»Am Nachmittag des 11. September fuhr Ken Ryan mit neuen Gästen in seinem Minivan auf unseren Hof. Fünf Personen, die mit Austrian Air von Wien gekommen waren. Eine von ihnen hieß Maria, sie stammte ursprünglich aus Bilbao, arbeitete aber als Architektin in einem Büro vor den Toren New Yorks. Sie half mir in der Küche, wir haben gebacken und geredet – und haben uns verliebt. Als sie ein paar Monate später zurückkam, wurde uns klar, dass wir zusammengehören. Und so ist es seitdem, auch wenn wir nicht zusammenwohnen. Inzwischen arbeitet sie in Wien und in New York.«

»Der 11. September wurde also zu Ihrem Glückstag?«

»Man kann sagen, dass ich an dem Tag von der Liebe gepackt wurde. Als Maria einige Tage später nach New York fliegen sollte, war Ken Ryan es, der sie zum Flugplatz fuhr. Dank Kens mangelhaftem Zeitgefühl kamen sie natürlich zu spät zu dem Flug, und Maria musste zurück nach St. John's fahren, was dazu führte, dass wir noch ein paar Stunden Zeit hatten, einander kennenzulernen.«

»Das heißt, Ken Ryans Eigenart hat die Grundlage für Ihre Beziehung gelegt …«, murmele ich.

Lindsay lächelt.

Wir fahren weiter durch die Landschaft, und als wir an einem ehemaligen Fabrikort vorbeikommen, dessen Namen ich vergessen habe, steht auf einem Schild, dass es noch vierzig Kilometer bis Gander sind.

»Haben Sie Gott getroffen, oder hat er Sie zuerst getroffen?«, frage ich.

Sie sieht mich an, als habe sie auf diese Frage gewartet.

»Wir haben uns auf halbem Weg getroffen. In der Kirche. Wie viele andere auch empfand ich als Jugendliche eine gewisse Leere. An einem eiskalten Februartag habe ich mich auf dem Weg zu einer Party in einer der Kirchen in St. John's aufgewärmt, und da verspürte ich plötzlich etwas in mir, das sich wie Stabilität oder Ruhe anfühlte. Ich blieb sitzen. Ich vergaß die Party, vergaß weiterzugehen und saß bis spät in der Nacht da, bis der Wachmann kam, um die Kirche abzuschließen. Und so ging es weiter, wieder und wieder. Wenn ich traurig oder froh war oder irgendetwas fühlte, ging ich und setzte mich in die Kirche. Und dann beschloss ich irgendwann, dass diese Ruhe, die sich in mir ausbreitete, Gott war. Diesen Gott mag ich, ihn oder sie nehme ich gern auf. Wahrscheinlich hat es bei mir schon immer eine Art Glauben gegeben, ich brauchte wohl nur einen konkreten Auslöser. So dieses Gefühl, dass sich jemand um dich kümmert ...«

Sie unterbricht sich und geht ans Handy:

»Liebling, hallo, wie geht's?«

Lindsay Ross plaudert ein paar Minuten, dann geht sie zum Praktischen über.

»Nein, ich sitze im Auto auf dem Weg nach Gander. Habe einen Gast aus Dänemark dabei. Er hat den Bus von Port Blandford nach Gander verpasst, weil John heute Feuerwehrmann ist. Nein, ich warte auf den Sarg, und ... genau, sie landen zirka um acht.«

Plötzlich bricht sie in Lachen aus und beendet das Gespräch mit den Worten:

»Das kriegen wir hin.«

Das Erste, was wir von Gander sehen, ist ein hoher Kontrollturm. Dann sehen wir nicht mehr viel. Lindsay sagt, sie wird mich ins Zentrum bringen, was meine Laune verbessert. Vielleicht gibt es doch etwas mehr als nur einen Flugplatz. Drei Minuten später sind wir im Zentrum. Die Straße heißt Trans Canada Highway 1, und sie ist Gander. Lindsay Ross gibt mir ihre Telefonnummer, falls ich kein Dach über dem Kopf finde, in akute Schwierigkeiten gerate oder unmittelbaren Trost benötige. Ich danke für alles, sie bedankt sich auch, und wir trennen uns, als würden wir uns wiedersehen. Sie tritt einmal fest auf das Gaspedal des Lastwagens, der singt den Dieselblues, und dann dreht sie keinen U-Turn, sondern einen W-Turn über die Bürgersteigkante und den Fahrradweg und fährt zum Flugplatz zurück. Einen weiteren Gaspedaltritt später verschwinden Lastwagen, Kantorin und Pfarrerin Lindsay Ross in dem immer dichter werdenden Grießbreinebel.

Ich finde The Albatros Hotel ungefähr in der Mitte des Trans Canada Highway 1. In der Lobby sind viele Menschen unterwegs, und in der zwei Minuten langen Schlange vor der Rezeption erfahre ich, dass am nächsten Tag eine Konferenz beginnt. Der Mann an der Rezeption schenkt mir ein breites Grinsen und heißt mich willkommen. Dann fragt er:

»Und warum kommt ein Däne wie Sie nach Gander?«

» Wegen der Atmosphäre«, antworte ich, ohne Ironie.

Ich bekomme einen fragenden Blick und ein Zimmer mit Aussicht. Die Aussicht erweist sich als Sicht auf den Kontrollturm aus drei verschiedenen Winkeln. Ich lege die Reisetasche ab, wechsle die Schuhe und mache einen Spaziergang. Gander besteht hauptsächlich aus niedrigen Häusern, Briefkästen und Bäumen, und das Tourist Office hat für den Rest der Woche geschlossen. Auf der Anschlagtafel am geschlossenen Tourist Office kann ich lesen, was diese Woche in Gander passiert: Bustour zum Nationalpark Terra Nova, Rundtour über den Flugplatz und die Paketbuchung: Flugplatzrundtour inklusive Bustour zum Nationalpark Terra Nova.

Abgesehen vom Flugplatzcafé ist um diese Tageszeit nur noch die Hotelbar geöffnet. Nach einem Molson Canadian und zwölf Hähnchenflügeln mit Blue-Cheese-Dip ziehe ich mich ins Hotelzimmer zurück und versuche, zur Ruhe zu kommen.

Eine Decke voll Angst legt sich über meine Gedanken, die Unruhe breitet sich in Gehirn und Körper aus. Ich bin weit weg, niemand kennt mich hier oder weiß, wer ich bin. Was, wenn ich jetzt krank werde, im Bett einschlafe und nie wieder aufwache? Wie lange würde es dauern, mich nach Hause zu schaffen, und wohin? Wer ist da, wer nimmt mich entgegen, wenn ich lande?

In ein paar Tagen werde ich in Vancouver den neunundachtzigsten Auftritt dieses Jahres haben.

Noch fünfzehn, bis ich Ferien habe.

Unmöglich einzuschlafen.

Ein Metallhahn dreht sich im Wind hin und her, sodass seine Federn an den Schornstein schlagen, wieder und wieder, verdammte Monotonie. Wenn doch ein Flugzeug käme. Es hat schon etwas Seltsames mit so einer Stadt, die um einen Flughafen erbaut ist, auf dem niemals irgendwelche Flugzeuge landen. Seit ich am Straßenrand zwischen St. John's und Gander gepinkelt habe, habe ich kein einziges Flugzeug gesehen. Ich gehe in die Bar runter, da sitzt eine Gruppe und schaut sich träge ein NHL-Match an. Sie tragen Fliegerjacken, auf deren Rücken mit roten Buchstaben »Cargo City« steht. Ich habe Lust, zu schreien: »Ja, dann zeigt mir doch mal ein verdammtes Cargo-Flugzeug!«

Ich bestelle ein Molson Canadian vom Fass und trinke noch drei, ehe ich den Abend mit einem fünften beschließe. Ich bin betrunken und wünschte, ich könnte einschlafen, am liebsten neben jemandem, der mindestens ebenso viel Panik hat wie ich.

Fünf Molson später, oben auf dem Zimmer, ehe ich in der instabilen Seitenlage lande, sehe ich aus dem Fenster, und als ich die Augen zusammenkneife, sehe ich etwas am Horizont, das unermüdlich blinkt. Doch die Hoffnung, endlich ein Flugzeug zu sehen, wird durch die Kontinuität des Blinkens selbst zerstört. Es steht still, es bewegt sich nicht, dasselbe Licht und derselbe Rhythmus die ganze Zeit. Der Tower. Kein Cargo-Flugzeug. Der Tower ändert Farbe und Blinktempo bis zum Abend, er blinkt so stark, dass es ärgerlich wird. Ich bin betrunken und erschöpft, und der verdammte Tower bringt mich noch mehr aus dem Rhythmus. Ich gebe den Versuch, im Bett einzuschlafen, auf und suche mir stattdessen eine gemütliche Ruheposition in der tiefen Fensternische.

Die Gedanken kreisen. Zu viel Molson Canadian, zu viele Reisen, muss ausruhen, muss zur Ruhe kommen. Am nächsten Tag werde ich nach Vancouver fliegen, sollte ausschlafen, ehe der Körper sich in noch eine Zeitzone begibt. Aber ich will nicht jammern, ich arbeite, ich habe eine Identität, bin Teil der Gesellschaft, sie haben mich gebeten zu kommen. Ich lege mich wieder ins Bett, denke an das, was ich eben gedacht habe, was ich denken sollte. Im Bauch tut es weh, ich weiß nicht, was ich denken soll. Der Alkohol zieht sich zurück. Werde traurig. Ich dusche, denke weiter.

Mitten in der Nacht erwache ich im Badezimmer, höre Geräusche vor dem Fenster. Robbe auf Knien zum Fenster. Als ich auf die Straße hinuntersehe, fährt da ein großer Lastwagen mit einem Mietauto am Abschleppseil vorbei. Vorn sitzen Ken Ryan und Lindsay Kantorenpfarrerin und lachen.

Close-to-hell-espresso

Indianapolis, USA

Am Check-in-Schalter von Air Canada erfahre ich, dass der Flug 443 von Vancouver nach Chicago wegen eines spät angekommenen Flugzeugs gestrichen worden ist. Die Frau am Schalter ist hilfsbereit:

»Wir können Sie auf einen Flug nach Denver buchen, dann können Sie von dort nach Chicago fliegen. Sie werden dann in Chicago O'Hare etwas später landen, aber dennoch rechtzeitig genug, um Ihren Flug nach Europa zu erwischen.«

Ich tue so, als würde ich das in Erwägung ziehen, das mache ich ihretwegen, damit sie das Gefühl hat, wirklich einem Menschen in so einer Luxusnot zu helfen. Sie ist freundlich, und Freundlichkeit sollte wenigstens mit vorgeschützter Freundlichkeit belohnt werden. Ich sehe zur Abflug-Tafel hoch, und jetzt fühle ich das Zucken im Bauch, der Tic meldet sofort, wenn etwas oder jemand spannend ist, die Vernunft kann oft nicht mit der Intuition Schritt halten.

Indianapolis.

Ich lese den Namen noch einmal.

Indianapolis.

Das kostet mich ein paar Hunderter mehr, doch das ist es bestimmt wert, und sei es auch nur wegen der Architektur.

Indianapolis.

Jeder, der schon einmal über eine Stadt im nordamerikanischen Mittleren Westen geflogen oder in ihr gelandet ist, weiß, dass man erst nichts sieht, dann einen Acker, dann etwas, das sich in einen von einer halben Million Menschen bewohnten Acker und einen großen Flugplatz verwandelt.

Indianapolis International Airport.

Ich gleite schnurstracks durch die Sicherheitskontrolle und werde mit einem entspannten Nicken willkommen geheißen. Ein paar Meter weiter, am Meeting Point 3, sehe ich eine Gruppe Amish, die mit kerzengeraden Rücken da stehen und auf etwas oder jemanden warten. Alles an ihnen ist schwarz oder weiß, von den Kleidern über die Haut bis zu den kleinen Fingern, die aus dem schwarzweißen Kleiderärmel des kleinen Mädchens ragen. Ihre Augen lächeln mir unter dem Hut, der ihre Stirn verbirgt, zu, und ich erwidere ihr Lächeln, denn schließlich hat sie angefangen. Das selbstgenähte Kleid des kleinen Mädchens stellt einen harten Kontrast zu dem Filmplakat des Walt-Disney-Konzerns an der Terminalwand hinter ihr dar.

Als ich in die Ankunftshalle komme, erinnere ich mich plötzlich, dass in der Zeitschrift *In Flights* »25 Facts of Indianapolis« aufgelistet waren, unter anderem, dass fünfundzwanzig Prozent der Einwohner der Stadt Afroamerikaner sind. Ich besteige ein gelbes Ford-Taxi und bin etwas enttäuscht, als die Tür von einem kleinen, dicken Mann mit blauer Sportjacke und ketchuprotem Haar geöffnet wird.

Ich gleite auf den lederbezogenen Rücksitz und sage, wie immer, wenn ich nicht weiß, wohin ich will:

»Downtown bitte.«

Die meisten Taxifahrer versäumen keine Gelegenheit, interessante Dinge über ihre Stadt zu sagen. Dieser hier stellt eine Ausnahme dar.

»Und warum besuchen Sie Indie?«, fragt er.

Das ist nicht unbedingt eine besondere Frage, aber sein Tonfall ist ungefähr so begeistert, als würde er fragen: »Und wie lange bleiben Sie im Krankenhaus?«

Und dann fährt er unverändert unbegeistert fort:

»Es gibt nur drei Gründe, freiwillig nach Indianapolis zu kommen, wissen Sie, welche das sind?«

»Nein.«

»Ich auch nicht.«

Nun bemühe ich mich, mein Interesse für Indianapolis zu erklären, die Architektur und die hohen Häuser, sage, dass Indianapolis schließlich für seine verspielte Architektur bekannt ist.

»Das ist schon eine Zwischenlandung wert«, betone ich.

»Sie sind also in Indie, weil Sie hier zwischenlanden?«

»Ich bin freiwillig zwischengelandet.«

»Machen Sie Witze?«

»Ganz und gar nicht.«

»Indie ist nicht für seine Wolkenkratzer bekannt, das verspreche ich Ihnen. Höchstens berüchtigt. Berüchtigt für seinen deprimierenden kommunalen Architekten, der von grauen, langweiligen Häusern besessen war.«

In einigen Kilometern Entfernung sehe ich die Skyline von Indianapolis, und ich sehe, wie die hohen, aber doch erstaunlich niedrigen Wolkenkratzer in etwas aufragen, was Nebel oder Regen sein muss. Sie sehen ziemlich gewöhnlich aus, im Grunde sehen sie aus wie jeder gewöhnliche kleinwüchsige Wolkenkratzer. Wieder dieses Zucken im Bauch, das sich in vokale Tics umwandelt, die den rothaarigen Taxichauffeur mich ein weiteres Mal im Rückspiegel betrachten lassen. Ich werde ihm zunehmend suspekt.

Es zuckt weiter im Bauch, denn jetzt wird mir der Zusammenhang klar – ich bin in der falschen Stadt. Habe Indianapolis mit Minneapolis verwechselt.

Ich nehme meine *25 Facts of Indianapolis* heraus, und

da steht nichts über kreativ designte Wolkenkratzer. Rein gar nichts. Indianapolis. Minneapolis.

Warum so kompliziert? Der Staat heißt Indiana, polis ist das griechische Wort für Stadt.

Staat+Stadt=Name

Indiana+polis=Indianapolis. Minnesota+polis=Minneapolis.

Ich verliere nicht den Mut, sicher bin ich nur einer in einer langen Reihe derer, die all diese verdammten Städte, die auf -polis enden, durcheinanderbringen. Ich fahre weiter in die Stadt und sehe mir die niedrigsten Hochhäuser des Landes an, die schüchternsten Wolkenkratzer der Nation.

Indianapolis liegt mitten in Amerika, mitten in der Prärie. Wie die meisten amerikanischen Großstädte hat es kein richtiges Zentrum. Gut, es gibt ein Downtown mit Wolkenkratzern, die tagsüber bevölkert sind, doch nach Ladenschluss stirbt hier alles aus. Indianapolis ist eine sehr große Stadt mit achthunderttausend Einwohnern. Trotzdem gibt es kein großartiges »Welcome to the city of«-Schild am Ortseingang, keine Angeberplakate, die erklären, dass die Stadt mit Biogasbussen fährt, keine Floskeln, nichts von gar nichts. Und das gefällt mir.

Als der Taxifahrer mich abgesetzt hat, lasse ich mich auf einer Bank am Kanal, der sich durch die Stadt schlängelt, nieder und atme das klassische Großstadtrauschen ein: ein monotones Martinshorn, tickende Ampeln, Menschen, die in Handys sprechen.

Mein Großvater väterlicherseits bereiste den amerikanischen Kontinent. Er verdingte sich als Streckenarbeiter, baute an der Eisenbahn in Minnesota, verkaufte in Alabama Obst vom Lastwagen herunter, fuhr mit dem Pick-up Tausende von Meilen durch das gelobte Land. Mein eigener Großvater. In den 1920er-Jahren. Er hat niemals mit mir darüber gesprochen, und ich habe wohl auch nie gefragt. Ich war zu jung, zu desinteressiert, zu krank. Dann starb Großvater. Aber warum ist er eigentlich hierhergekommen? Vielleicht wollte er weg von Nordskandinavien, mal etwas anderes sehen. Und außerdem wollte er Geld verdienen. Auf der anderen Seite des Atlantiks, den er das Große Meer nannte, gab es Arbeit.

Heute zerreden wir immer alles. In Großvaters Generation redete man fast nie über irgendetwas. Nicht über den Krieg, nicht über die große Politik, nicht über die Lokalpolitik und nicht über das Private. Großvater hat die meiste Zeit Anekdoten darüber erzählt, wie sie zwischen zwei von den Nazis besetzten Wachposten im Dorf Essen schmuggelten. Doch manchmal hat er meinem Vater von Amerika erzählt.

Ich hingegen habe dann Papas Erzählungen von Zugreisen durch das Europa der 1960er-Jahre angehört, wie er 1968 in Prag während der Invasion der Sowjetunion verhaftet worden ist und 1971 in den Akten der Stasi landete, wie er in Erfurt studierte, in Salzburg ins Konzert ging und in Ystad Kaffee trank. Papa hat Amerika nie gesehen, er hatte Flugangst. Er hatte so viele Unfälle mit Autos, Zügen, Schiffen und Bussen erlebt, dass er keinen Fuß in ein Flugzeug setzte. Aber Papa ist auch gestorben. Meine beiden reisenden Vorbilder sind verschwunden – Vater und Großvater.

»Einen Dollar bitte sehr, für einen alten Vietnamveteranen ...«

Ein Obdachloser mit dem üblichen Einkaufswagen

bringt mich zurück nach Indianapolis im 21. Jahrhundert, zur Bank, zum Kanal und zu den niedrigen Wolkenkratzern. Er wiederholt die Bitte, die er schon Hunderte von Malen gestellt hat:
»Einen Dollar für einen alten Vietnamveteranen …«
Ich frage in aufrichtiger Neugier:
»Wo in Vietnam waren Sie stationiert?«
»Halt die Schnauze«, antwortet er freundlich, ehe er seine Nachmittagsrunde fortsetzt.

Da ich im Grunde rund um die Uhr esse, werde ich nur selten akut hungrig, sondern werde mehr von einem hartnäckigen Druck im Bauch heimgesucht, der »mehr Essen« bedeutet. Ich gehöre zu der Minorität von Menschen, die ungeheure Mengen essen können, ohne ein Gramm zuzunehmen. Die Leute sagen oft wohlmeinend zu mir: »Sie sind so mager, Sie müssen mehr essen.« Doch wenn die Situation umgekehrt wäre, wenn ich übergewichtig wäre, dann würden sie niemals sagen: »Sie sind so fett, Sie sollten weniger essen.« Dies wäre zwar bestimmt mit demselben Wohlwollen vorgetragen, würde aber wohl eher als gemein aufgefasst.

Ich verlasse meine Bank, um einen Ort zu finden, an dem ich die sagenumwobenen Waffle Fries von Indianapolis bekomme, die gerösteten Pfannkuchen in Pommesform des Midwest. Ich steuere direkt auf The Abbey Coffeehouse zu. Das ist so ein unprätentiöses Lokal, in dem man sich sofort wohlfühlt. Ich lasse mich am Fenster nieder, und der Mann hinter dem Tresen fragt mich, noch ehe ich meine Jacke ausziehen kann, was ich will.

»Waffle Fries. Und einen Close-to-hell-Espresso«, antworte ich umgehend.

Close-to-hell-Espresso scheint der Kosename des Cafés für einen dreifachen Espresso zu sein.

Ich sehe auf die North Pennsylvania Avenue und den Finanzdistrikt rechts von der Straßenkreuzung hinaus. Am Fußgängerüberweg steht eine Frau und filmt mit einem Handy. Sie bewegt sich sehr langsam auf das Café zu, ihr Körper wird von zwei Gehstöcken aufrecht gehalten, die wie Baumstämme aussehen. Rechts von mir rutschen ein paar Gäste zur Seite, als sie ihrer ansichtig werden. Die Frau braucht ein paar Minuten, um vom Überweg bis zu The Abbey Coffeehouse zu kommen. Sie scheint auf irgendeine Weise beeinträchtigt zu sein. Sie torkelt zwar nicht auf die sturztrunkene Art, aber sie bewegt sich auf das Café zu, wie es betrunkene Menschen tun, die den Eindruck zu erwecken versuchen, sie stünden nicht unter dem Kommando des Alkohols. Ein wenig zu kontrolliert, ein wenig zu viel von dem wenigen. Ihre Hüften sind extrem breit. Ich habe noch nie bei einem Menschen so breite Hüften gesehen, es ist, als wären sie falsch montiert und würden eigentlich zu einem anderen Körper gehören.

Die Frau schaukelt ins Café hinein und fällt fast über ein paar Stühle. Sie nuschelt, gibt ein paar Kommentare ab. Dann setzt sie sich auf drei Stühle, ein vierter Stuhl wäre noch bequemer, aber auf dem sitze ich. Ich versuche, nicht von dem Giganten neben mir berührt zu sein, sondern tue so, als würde ich die Sportseiten im *Chicago Tribune* lesen. Als sie sich bewegt, verspüre ich einen leichten Duft von Fichtennadelseife. Die Frau riecht nicht, wie ich es erwartet hatte, nach Alkohol. Ich lese immer unnatürlicher natürlich die Sportseiten und denke, dass sie high sein muss. Ich bin dem ersten der Afroamerikaner von Indianapolis begegnet. Eine zugedröhnte Afroamerikanerin mit den breitesten Hüften der Welt.

Der Mann hinter dem Tresen geht zu ihr und nickt ihr mit einem Lächeln zu, das zeigt, dass die Frau auf den drei Stühlen Stammkundin ist.

Als der Mann mir Waffle Fries und der Frau einen grünen Salat serviert, legt sie das Handy vor sich auf den Tisch. Sie spießt immer nur ein Salatblatt auf die Gabel und betrachtet es, ehe sie es vorsichtig in den Mund schiebt. Das ist eine völlig andere Art und Weise, Essen zu sich zu nehmen, als mein Geschlinge. Ich trinke Espresso und stopfe Pommes in mich rein, sie trinkt Apfelsaft und knabbert an ihren grünen Blättern. Ich mager, sie definitiv breit, ich definitiv skandinavisch, sie absolut afroamerikanisch – zwei größtmögliche Verschiedenheiten am selben Fensterplatz.

Sie stellt sich als Julie vor. Ich mich als mich selbst. Sie spricht langsam, stoßweise, stolpert über Wörter, es fällt ihr schwer, die Worte zu finden, über die sie dann stolpern wird. Ihr Blick wirkt vernebelt und schwer zu fangen, verwirrt, obwohl ihre Gedanken klar sind. Alles, was sie tut, vom Aufspießen eines Salatblattes bis zum Beenden eines Satzes, braucht Zeit. Ich frage mich, welche Drogen sie genommen hat, als sie sagt:

»Problem finden. Worte finden.«

Amerikaner warten nur selten, bis jemand sie bittet, von sich zu erzählen. Es scheint ebenso natürlich, Fremden von sich zu erzählen, wie nach der Uhrzeit zu fragen, mitten in meinem Waffle-Fries-Schlingen fährt sie fort:

»Sechs Jahre seit.«

»Wie bitte?«

»11. September.«

Sie legt die Plastikgabel dicht neben das Plastikmesser und rückt dann das Plastikmesser zurecht, so dass es parallel zur Plastikgabel liegt.

»Wohnte. In New York.«

»2001?«

»11. September 2001. New York siebenundzwanzig Jahre. El Paso vier Jahre.«

»Und jetzt wohnen Sie in Indianapolis?«

»Fünf Jahre.«

Sie hebt das Handy und fotografiert einen BMW, der an dem Fußgängerüberweg einen U-Turn macht. Dann legt sie das Handy wieder neben die Plastikgabel, das Plastikmesser und den Salat. Ich kommentiere ihre plötzliche Idee nicht, ich kenne sie schließlich nicht und bin auch nicht in der richtigen Stimmung, über Autos oder Fototechniken zu diskutieren. Sie nimmt eine Fotografie aus ihrer Tasche, auf der ein nettes kleines Sommerhaus an einem Strand zu sehen ist. Vor dem Haus tanzt ein junges, schönes Paar. Sie ist superschlank, er etwas kräftiger, beide sind voller Leben und lächeln, frei von Sorgen.

»Freund«, sagt sie und zeigt auf das Bild.

Ich will eben fragen, wer die Frau ist, doch sie ist schneller:

»War dünner.«

Ich betrachte das Foto und suche dabei diskret nach gemeinsamen Zügen zwischen der Frau auf dem Bild und Julie neben mir. Ich bin nicht sicher, ob sie die Wahrheit sagt. Das wilde dunkle Haar ist gezähmt und strähnig geworden, auf dem Bild leuchten die Augen, die jetzt neben mir zusammengekniffen sind. Ich habe den Blick aus zusammengekniffenen Augen bei Frauen immer attraktiv gefunden, aber das hier ist anders, es drückt Sorge aus und hat nichts mit Charme und Attraktion zu tun. Aber die Zähne. Ja. Die schönen Zähne hat sie immer noch, Zähne lügen nicht, vor allem nicht die kleine Lücke rechts in der unteren Zahnreihe, die sagt mir, dass sie die Wahrheit sagt.

Die meisten Alkoholiker und Drogenabhängigen werden nach einer längeren Zeit der Abhängigkeit mager, und mein Verdacht gegen diese Frau zerstreut sich – sie ist dicker, breiter und behäbiger geworden, und ihre schönen Zähne, die sauberen Kleider und der Fichtennadelduft sprechen gegen Alkohol oder Drogen.

»11. September«, sagt sie plötzlich wieder.

»Verstehe«, erwidere ich, ohne etwas zu verstehen.

»Nachmittag. Paar Kilometer. Vom World Trade Center.«

»Am Nachmittag?«, frage ich und denke, dass sie wahrscheinlich Morgen meint.

»4:34.«

»4:34?«

»Kein harter Schlag. Querstraße zu Bergen Boulevard. Bei Palisades Park. Ganze Stadt. In Panik. Angst. Neue Flugzeuge. Alle sehen hoch. In die Luft.«

Sie macht eine Pause. Isst fünf oder sechs Salatblätter. Es scheint ihr schwerzufallen, den Blick zu fixieren. Sie fährt sehr langsam und monoton fort:

»Komme vom Job. E-Market. Auf dem Weg. Nach Hause. Immer derselbe Weg. Ampel. Sonst alle stehen. Aber 11. September. Chaos. Alle sehen hoch. Sirenen. Überall Sirenen. Feuerwehr. Krankenwagen. Polizei. New York im Nebel. 4:34. Auf die Uhr geguckt. Am Eatongebäude. 4:34. Sehe auf. Er sieht hoch. Mann im BMW.

BMW fährt. Obwohl STOP leuchtet. WALK für mich. Er fährt. Ich gehe. Trifft Bein. Linkes Bein. Kein heftiger Schlag. Aber ich. Falle. Auf Bürgersteigkante. Zwischen Stirn und Schläfe. Nicht weh. Gar nicht weh. Aber ich. Komme nicht hoch. Blute. Aber nur bisschen. Niemand sieht mich. Alle rennen. Mann im BMW sieht mich. Ist stehengeblieben. Auto im Leerlauf. Sehe seine Augen. Im Rückspiegel. Zehn Sekunden. Vielleicht. Blicke begegnen sich. Auto rollt weiter. Langsam. Ich winke. Bitte um Hilfe. Aber er fährt. Ein Mädchen hilft mir hoch. Gehe allein nach Hause. Nicht so schlimm. Hört auf. Hört auf zu bluten. In der Nacht übel. Muss brechen. Rufe Krankenwagen. Alle besetzt. Keiner kommt. Rufe wieder an. Warte. Flecken auf dem Leib. Gehe zum Krankenhaus. Keine Zeit. Alles besetzt. Kriege Schmerztabletten. Mein Freund ruft an. Dankt Gott. Dankt Gott, dass. Dass ich nicht in Downtown war. Erzähle von dem BMW. Bürgersteig. Glaubt, ich rede von Flugzeug. Erzähle nicht mehr. Schlafe. Und breche. Ganze nächste Nacht. Wache mittags auf. Breche. Kaum gehen. Keine Krankenwagen. Taxi zum Krankenhaus. Aber kein heftiger Schlag.«

Sie hebt die Gabel und findet ein großes Salatblatt, das sie langsam und konzentriert in den Mund führt. Ich lasse meine Waffle Fries jetzt. Sie fängt wieder konzentriert an zu atmen, als wolle sie etwas sagen. Und fährt ebenso langsam und monoton fort.

»Innere Blutung. Dysarthrie. Sprechprobleme. Später. Gewicht ging hoch. Medizin. Hormonfehler. Stoffwechsel funktioniert nicht. Körper verbrennt nichts. Fett von allem. Jetzt Vegetarierin. Fette Vegetarierin. Aber ich lebe. Gehe. Spazieren. Halte das Leben in Gang. Salat gut. Aber der Körper ist nicht das Schlimmste.«

Sie nimmt ein neues Salatblatt und führt es ebenso kontrolliert in den Mund.

»Gleichgewichtsnerv beschädigt. Sprache. Finde keine Worte. Freunde verlieren die Geduld. Wenn ich rede. Nicht mehr rausgegangen. Wegen ihnen. Leute auf der Straße. Denken, ich sei betrunken. Oder unter Drogen. Freunde halten nicht mehr aus zu warten. Warten, bis ich fertig geredet habe. Schicken deshalb Mail. Alle mailen. Nicht so viele lange Abendessen. Nur Mail. Am einfachsten so. Für alle.«

Sie winkt dem Mann hinter dem Tresen, der sofort zu ihr kommt, diesmal mit einem Glas Eiswasser. Sie betrachtet die Fotografie, sich selbst und den Freund, das Lächeln auf den Gesichtern.

»Verstehe ihn. Wer will mit einem Fetti zusammen sein? Kann nicht reden. Nicht ordentlich reden. Er kümmert sich. Um mich. Facebook. Mailt. Wenn er Zeit hat. Jetzt nicht mehr so oft. Hat jetzt Familie.«

Sie trinkt schlückchenweise das Eiswasser und fährt fort:

»Versicherung betrachtet. Betrachtet Unglück als. Selbst verursacht. Mädchen hat nicht gesehen. Nicht das Auto. Sah mich liegen am Bürgersteigrand. Kein anderen gesehen. Wollen nicht sehen. Amerikaner furchtbare Angst. In Prozess gezogen zu werden.«

Sie schüttelt das Glas, sodass die Eiswürfel im Wasser treiben.

»Einziger Zeuge. Mann im BMW. Wenn er zugibt. Kriege dann Versicherung. Vorzeitiger Ruhestand. Esse mein Essen. Hier. Im The Abbey. Arbeitslos. Jetzt. Nicht jammern. Nicht allein. Lebe.«

Sie trinkt weiter und sagt dann:

»BWM. Erinner mich an Nummernschild. Nicht Nummer. Erinnere mich an Stadt und Staat. Indiana und Indianapolis. Kleber – I love Indie.«

Sie spießt ein neues Salatblatt auf die Gabel und isst es ebenso konzentriert wie zuvor, und dann kommt sie wieder auf die Augen des Mannes zurück, die Sekunden, in denen sie über den Rückspiegel des Autos Blickkontakt mit dem Mann hatte. Sie ist sicher, dass er irgendwo in Indianapolis ist. Jeden Tag, das ganze Jahr über, fotografiert sie BMW in ganz Indianapolis. Wenn sie nach Hause kommt, vergrößert sie die Bilder, schreibt die Nummern auf und versucht, den Namen des Besitzers herauszubekommen. Dann googelt sie den Mann, in der Hoffnung, ein Bild zu finden und seine Augen wiederzuerkennen.

»Er wird es zugeben. Werde meine Versicherung kriegen. Geld für eine Behandlung.«

Sie weiß, dass ihr Gehirn operiert werden kann, dass sie ein besseres Leben haben kann, ihr fehlt nur das Geständnis des Mannes im BMW, um das Geld von der Versicherung zu kriegen. Sonst kann sie es sich nicht leisten. Und wenn alles fertig ist, wird sie nach New York zurück ziehen.

»Erinnere mich an Kleber. Auf dem Auto. I love Indie.«

Sie erhebt sich, geht zum Tresen und holt eine Scheibe grobes Brot. Ich sehe eine große, breite und stolpernde afroamerikanische Frau zwischen den Stühlen hinschaukeln. Sie kommt zurück, legt noch ein Salatblatt auf die Plastikgabel, die sie zitternd, aber sicher in den Mund führt. Sie murmelt, ich höre sie kaum:

»Aber kein heftiger. Kein heftiger Schlag.«

Die Frau blättert die Bilder im Telefon durch. Der

Mann hinter dem Tresen fragt, ob ich noch etwas zu essen oder zu trinken haben möchte. Ich sehe auf die Wanduhr. Die roten Digitalzahlen leuchten 4:34. Ich bestelle noch einen Korb Waffle Fries, und dann nehme ich ein Taxi zum Indianapolis International Airport.

Flower Island

Palawan, Philippinen

Ich jogge zum Hauptbahnhof von Simrishamn runter, nehme den durchgehenden Zug nach Malmö, hole meine Tasche aus einem der wenigen Schließfächer, die nicht kaputtgetreten sind, nehme den Zug nach Kastrup und schaffe noch einen doppelten Espresso, ehe ich nach Paris, Charles de Gaulle, fliege, wo ich vier Stunden auf meinen Flug nach Osten warten werde.

Zwölf Stunden später bietet sich mir ein schöner Anblick unter dem Flugzeugflügel: Manila Bay. Das rostfarbene, in das blaue Meer gebettete Licht lässt meine Tics Freund mit meinem Kopf werden. Zum ersten Mal in meinem Leben habe ich das Gefühl, richtig weit weg zu sein, und ziemlich weit weg von Simrishamn. Schnell und geschmeidig gleite ich durch die Sicherheitskontrollen und Einreiseschlangen. Ich bin Europäer und es bleibt mir deshalb erspart, viele Frageformulare mit Hinweisen zur internationalen Sicherheit auszufüllen – ich habe blaue Augen, mein Haar ist hell, und ich strahle eher Jetlag aus, denn Terrorismus, also komme ich mit einem Lächeln und ein paar Dollars unter dem Tisch ins Land. Helena ist zwischen all den dunkelhaarigen, kleinwüchsigen Filipinos nicht schwer zu erkennen. Wir fahren zu ihrer Wohnung in einem Luxushotel im Zentrum Manilas, wo sie während ihres Praktikums bei der Asiatischen Entwicklungsbank wohnt.

Helena hat vier Tage frei, ich habe vierzehn Tage bis zum nächsten Job. Wir beschließen, die nächsten vier Tage darauf zu verwenden, andere Teile der Philippinen zu sehen. Ihre Bank und der Sicherheitsdienst erlauben nicht, dass die Angestellten in gefährliche Gegenden reisen. »Sie dürfen auf keinen Fall zu weit nach Süden fahren«, wird die ganze Zeit wiederholt, was uns dazu veranlasst, so zu tun, als würden wir nach Norden reisen, während wir natürlich vorhaben, nach Süden zu fahren. Wir beschließen, auf die Insel Palawan zu fliegen, die mitten zwischen den Philippinen und Malaysia liegt. Vom Hauptort der Insel, Puerto Princesa, wollen wir dann mit dem Bus nach Norden nach El Nido, einer schönen Küstenstadt mit unendlich schönen, einladenden Stränden reisen.

Wir haben nicht damit gerechnet, im Flugzeug die einzigen Europäer zu sein, doch scheint trotzdem niemand groß Notiz von uns zu nehmen. Erst als wir in Puerto Princesa landen, werden wir regelrecht angestarrt. Im Gästebuch der Touristinformation können wir sehen, dass es über ein Jahr her ist, seit westliche Touristen die Stadt besucht haben.

»Hey Joe, perfect price only for you«, ruft ein Mopedtaxifahrer eifrig.

Er stellt sich als Gonzales vor, und wir bitten ihn, uns nach Puerto Princesa zu bringen. Während wir auf unser Gepäck warten, blättern wir zerstreut in einigen Hotelbroschüren, die alt aussehen. Mir fällt ein, dass Gonzales uns direkt an der Treppe zum Flugzeug aufgegabelt hat, eigentlich hätte er mit den anderen Mopedtaxifahrern vor dem Flughafengebäude warten müssen. Er scheint eine Art Vorfahrt im System entdeckt zu haben.

Leicht verwirrt springen wir in Gonzales' Mopedtaxi und sausen mit acht leeren, aber farbenfrohen anderen Mopedtaxis hinter uns auf die Stadt zu. Plötzlich bleibt Gonzales stehen. Er fragt, ob wir ein Hotel gebucht haben, was wir nicht haben. Doch im Hinblick darauf, dass sich der Touristenansturm zumindest im letzten Jahr in Grenzen zu halten scheint, dürfte es die einfachste Sache der Welt sein, ein Hotelzimmer zu bekommen. Gonzales schreibt einen Namen, der auf »-hotel« endet, in unseren Reiseführer. Er zeigt darauf und hebt den Daumen:

»Best hotel ... CNN says.«

Wir können ihm nicht recht folgen, nehmen aber an, dass er den Fernsehsender CNN meint, und dass dieser das Hotel empfiehlt. Plötzlich lacht Gonzales und zeigt zu den Bergen hinauf, die wir wegen der dicken Regenwolken kaum erkennen können. Er wedelt mit der einen Hand, als wäre sie eine Pistole, jetzt scheint er Indianer und Cowboy zu spielen:

»CNN ... shooting ... no problem, no worry.«

Ein intensiver Regen heißt uns in Puerto Princesa willkommen, und wir beschließen, Gonzales und CNN beim Wort zu nehmen, und bitten ihn, uns zu dem Hotel zu fahren. Welches geschlossen ist. Am Ende fährt uns Gonzales zu einer Pension, denn es erweist sich, dass alle Hotels der Stadt entweder geschlossen oder aufgegeben sind. Und plötzlich begreifen wir auch, warum: CNN, der Berg, Indianer und Cowboys, geschlossene Hotels, keine Touristen seit einem Jahr, »no problem, no worry«.

Ungefähr ein Jahr zuvor waren deutsche und amerikanische Touristen gekidnappt und in den Bergen gefangen gehalten worden. CNN verfolgte das Drama eine längere Zeit. Die Touristen bekamen weder Essen noch Medizin, was dazu führte, dass einige starben, während andere im Zusammenhang mit Schießereien getötet wurden. Nach dem direkt gesendeten Fernsehdrama war Palawan als Touristenziel vollkommen tot, und getreu dem Gästebuch in der Touristinformation sind wir also die ersten Touristen seit der Entführung. Wir verspüren keine direkte

Sorge, sondern konzentrieren uns auf den komischen Aspekt dieser Situation.

Puerto Princesa macht mich niedergeschlagen. Trist ist wahrscheinlich das Wort, das diese Stadt am besten beschreibt. Auf dem Weg zur Pension werden wir von einem hochgewachsenen Holländer überrascht, der es sehr eilig zu haben scheint. Er sieht uns ebenso erstaunt an, wie wir ihn. Er nickt, murmelt: »Sorry, have to go, sorry«, und verschwindet mit langen, sicheren holländischen Schritten die Straße hinunter, wahrscheinlich besorgt, den Flug zurück nach Manila zu erwischen. Ich kann nicht umhin, mich zu fragen, warum er es so eilig hatte, und warum er wohl das Wort »sorry« so oft wiederholt hat.

Gonzales will morgen sein Geld haben. Morgen?, fragen wir. Gonzales hat beschlossen, für den Rest des Tages und den nächsten Tag unser privater Führer zu sein. Er wird uns die Stadt von seinem Mopedtaxi aus zeigen. Jetzt wird er hartnäckig, er besteht darauf, uns rund um die Uhr Gesellschaft zu leisten. In meiner Eigenschaft als Europäer werde ich als wandernde Brieftasche aufgefasst, und obwohl alles, was ich habe, in der Brieftasche Platz findet, die ich bei mir trage, gebe ich ihm das dickste Trinkgeld, das er je bekommen hat, und bitte ihn, am nächsten Morgen um zehn Uhr wiederzukommen. Wir planen nämlich sehr früh an jenem Morgen einen Bus nach Norden zu nehmen.

Als wir unser Zimmer bekommen haben, legen wir uns müde und nass eine Weile hin und ruhen uns aus. Eine knappe Stunde später drehen wir eine Runde durch die Stadt und sehen nach, ob am nächsten Tag auch wirklich früh ein Bus nach Taytay fährt, was nicht der Fall ist.

Aber es gibt einen Expressbus in zwei Stunden, was ja noch besser ist, weil wir dann eine zusätzliche Nacht in El Nido bekommen. Schnell laufen wir zur Pension zurück, packen unsere Sachen, schleichen uns an der Rezeption vorbei, gehen dicht an den kleinen Häusern entlang und pressen uns an die Hauswände, wenn wir ein Mopedtaxi sich nähern hören.

Der Expressbus ist ein Toyota Hiace, den wir mit fünf anderen Personen teilen – zwei jüngeren Männern, die exakt gleich aussehen, einem älteren Herrn in Puma-Trainingsanzug, dem Fahrer und einer schwarzen Nonne. Wir sind unterwegs nach Roxas, was ungefähr drei Stunden Fahrt ist, und von dort aus soll ein Bus nach El Nido gehen. Nach einer Weile werden alle an Bord ungewöhnlich schweigsam. Die zwei Männer hinter uns murmeln etwas. Auch wenn wir uns keine Sorgen machen, haben wir doch das Gefühl, es wäre eine gute Idee, nach billigen Reisemöglichkeiten zu fragen. Von der Übernachtung bis hin zur Busfahrt nach Norden. Wir erzählen, dass wir Touristen sind, nicht dass Helena ein Praktikum in Manila macht. Wir wollen als junge Touristen mit niedrigem Einkommen auftreten, die für mögliche Abenteurer uninteressant sind.

Als die Dämmerung sich senkt, bin ich fasziniert davon, wie schön es ist, wenn die Sonne plötzlich ins Meer fällt. Wir fahren einen Hügel hinauf, und nur der Regen, der auf das Autodach pladdert, bricht die Stille im Wagen. Helena ist müde, und ich sage, sie solle schlafen, während ich mich wach halte. Nach einer Weile bleibt der Minibus an einer Brücke stehen. Wir fragen, was los ist, und die Nonne sagt uns, es gäbe eine Pinkelpause.

Und diese Pinkelpause ist es, die das Schweigen im Auto bricht. Von da an spricht die Nonne ununterbrochen mehrere Stunden lang – über ihre Herkunft, die Missionsarbeit, ihre Heimatstadt Roxas, die Freunde, Palawan.

Als wir von unseren Reiseplänen berichten, erfahren wir, dass es schon seit einem Jahr keinen Nachtbus zwischen Roxas und El Nido mehr gibt. Doch um sechs Uhr früh geht ein Linienbus. Die Nonne kennt die Frau, die das beste Hotel der Stadt betreibt, und sie ist sich sicher, dass es uns dort gefallen wird und dass es auch freie Zimmer geben wird.

Als wir nach viereinhalb Stunden Fahrt aus dem Minibus klettern, ist es, als würden wir uns irgendwo im Niemandsland befinden. Die Nonne führt von einem an der Wand festgeschraubten Telefon ein Gespräch. Sie berichtet, dass es freie Zimmer gibt, und dass uns die Besitzerin des Hotels in zehn Minuten an der Rezeption erwarten wird. Als wir fragen, wo das Hotel liegt, zeigt sie geradeaus – dreihundert Meter weiter auf der linken Seite liegt ein altes Gebäude. Der Linienbus nach El Nido geht früh am nächsten Morgen, doch wir werden direkt neben der Bushaltestelle wohnen und so wenigstens fünf Stunden Schlaf bekommen, ehe wir unsere Reise nach Norden fortsetzen.

Wir bekommen ein Doppelzimmer mit Dusche, deren Tropfen man einzeln zählen kann. Helena stellt eine Tasse unter die Dusche und zählt achtunddreißig Tropfen in fünf Minuten. Die Frau nickt lächelnd, als wir darum bitten, ein anderes Zimmer zu bekommen, in dem die Dusche vielleicht so viel Druck hat, dass wir es nicht schaffen, die Tropfen auf ihrem Weg zur Erde zu zählen. Doch das Zimmer bleibt unseres, und die Tropfen, die sich plötzlich weigern, nicht zu tropfen, werden die ganze Nacht zu einer Höllenplage.

Wir bezahlen bar, verlassen das Hotel und die wohlmeinende Frau. Wir waren die einzigen Gäste. Die einheimische Bevölkerung würde nie so viel für so wenig bezahlen, berichtet der Junge an der Busstation, der die Waren vor der Abfahrt am Morgen in den Bus lädt. Die Last besteht aus Sandsäcken, Hühnern, einer Ziege, einem fünf Meter langen Stock und Mangos.

Wir finden zwei Plätze im Bus, doch da es noch eine halbe Stunde bis zur Abfahrt ist, beschließe ich, noch etwas mehr von Roxas sehen zu wollen. Helena bleibt im Bus und hält die Plätze frei, denn es wird voll werden, sagt der Junge, der jetzt die Ziege aufs Dach schubst. Ich fühle mich gut, während ich rumgehe, die Tics dämpfen sich und gehen einen Kompromiss mit dem Rest des Körpers ein, und ich bin lange nicht so fröhlich gewesen. Wir verlassen Roxas eine Stunde zu spät, aber sehr zufrieden.

Über dem Tal und den kleinen, hübschen Bergen, auf denen wir auf und ab fahren, liegt Nebel. Es sind keine hohen Berge, doch für einen Bus von 1954 stellen sie eine Herausforderung dar. Natürlich haben wir zweimal einen platten Reifen, alle helfen, wir dürfen weggelaufene Hühner einfangen und die Reisekrankheit der Ziege eindämmen und den Stock auf dem Dach festbinden. Alles ist möglich, irgendwo im Niemandsland zwischen Puerto Princesa und El Nido.

Der Bus hält in einem kleinen Ort ohne Namen. Die Ziege muss runter, und der Fahrer muss auf den Ziegenkäufer warten, der, obwohl wir eine Stunde zu spät sind, noch nicht aufgetaucht ist. Wir essen in einem kleinen Café in der Nähe der Bushaltestelle zu Mittag. Ein Österreicher, Günther, heißt uns willkommen. Obwohl er seit fünfzehn Jahren hier wohnt, sieht er immer noch aus wie ein typischer Österreicher. Er hat in Manila Roja kennengelernt, die Liebe seines Lebens, und berichtet, dass ein Mann, der sich in eine Frau aus Manila verliebt, in seinem Heimatland mehrere Grade an Respekt verliert.

»Es ist unmöglich«, fährt er fort, »noch ernst genommen zu werden. Meine Frau hat in Europa niemals eine ehrliche Chance bekommen. Ich habe gehört, wie die Menschen offen abfällig über sie redeten und darüber, wie verzweifelt ich sein müsste. Und als dann noch sexuelle Andeutungen kamen, von wegen, ihr Gewerbe wäre ja das älteste der Welt, da haben wir beschlossen, Europa zu verlassen. Das war einfach genug, und ich habe es seither nicht vermisst. Meine Familie lässt nichts mehr von sich hören, obwohl ich mehrmals im Jahr Karten und Grüße schicke. Das ist traurig. Aber es gefällt mir hier. Ich liebe meine Frau und werde niemals wieder zurückgehen.«

Günther lädt uns zu Omelett mit Tomaten, Brot und Reis ein, und Mangosaft.

Das Essen schmeckt nach Isolierband, aber wir bedanken uns und lächeln, und ich empfinde eine aufrichtige Sympathie für den Mann.

»Sie sind die ersten Touristen, die ich seit langem sehe«, erzählt Günther. »Obwohl ... vor ein paar Tagen tauchte ein Holländer auf, aber der hatte es ziemlich eilig und nicht mal Zeit für ein Omelett.«

Ich sage zu Günther, dass es wohl derselbe Holländer war, den wir in Puerto Princesa getroffen haben, und dass er es da mindestens genauso eilig hatte. Wir nehmen Abschied, und Günther bleibt für den Rest der Reise nach El Nido in meinen Gedanken.

Es stellt sich heraus, dass der Bus samstags nicht bis El Nido durchgeht. Wir müssen in noch einer Stadt umsteigen, und zwar in Taytay. Nach fünf Stunden kommen wir nach Taytay, und während wir auf den Minibus warten, der uns nach El Nido bringen soll, blättern wir in ein paar bunten Broschüren. Wir bleiben sofort an dem Namen Flower Island hängen.

Der Touristenführer des Ortes begrüßt uns in Taytay. Er wirkt offen und ehrlich, ein völliger Gegensatz zum Taximopedfahrer Gonzales in Puerto Princesa.

»Flower Island, very nice place. I think«, sagt er.

Flower Island ist eine Insel nur einen knappen Kilometer weit im Meer, mit weißen Stränden, grünen Palmen, haarigen Kokosnüssen, gemütlichen Bungalows und Essen direkt aus dem Meer. Der Mann erzählt, dass er eine Absprache mit Lucky hat, dem Besitzer von Flower Island. Er kümmert sich um den Transport zur Insel, doch erst muss er über Satellitentelefon mit Lucky telefonieren, damit der den Bungalow in Ordnung bringen, die Betten beziehen und Fisch zum Abendessen fangen, also die Insel ganz einfach vorbereiten kann. El Nido liegt nur wenige Meilen entfernt, wir sehnen uns danach, im Meer zu baden, frisches Essen zu essen und ein paar Stunden Schlaf zu bekommen, deshalb bestellen wir einen Bungalow auf Flower Island.

Ein paar Stunden später gleitet etwas Kleines in den Hafen, das aussieht wie ein Tandemkanu mit Rasenmähermotor.

»Das?«, fragt Helena.

»Very good, best in town, only for you«, antwortet der eine der beiden jungen Männer, die uns nach Flower Island bringen sollen. Die Fahrt wird ungefähr dreißig Minuten dauern. Das Schiff ist so eng, dass wir nur aufgrund unserer Geschmeidigkeit, Magerkeit und Verliebtheit nebeneinander Platz finden.

An Bord sind außer uns Eier, Milch und eine Holzkiste, die ein sehr seltsames Geräusch macht. Wir können nicht sehen, was in der Kiste ist, doch es klingt wie eine Mischung aus Vogel und Katze.

Die Dunkelheit senkt sich über den Hafen, und nach acht Startversuchen gleiten auch wir in dieselbe Dunkelheit hinein. An der Kaimauer bleibt unser Touristenführer, jetzt um einige Dollars reicher, zurück.

Er hat uns eine Karte gegeben, so dass wir sehen können, wo Flower Island im Verhältnis zu El Nido und dem Festland liegt. Wir sehen nicht viel, hören nur das Motorengeräusch und die beiden jungen Männer, die miteinander sprechen. Der eine sitzt vorn im Bug und sieht ins Wasser, während der andere am Ruder ist. Achteraus können wir kein Land mehr erkennen, wir scheinen mitten auf dem Meer zu sein, zumindest ist es um das Boot herum pechschwarz. Plötzlich wird das Boot von einem starken Lichtstrahl beleuchtet. Die Männer stehen auf und halten ein weißes Stück Papier hoch. Sie winken mehrere Male mit dem Papier und sagen etwas. Der Lichtstrahl verlöscht. Der Mann im Bug erzählt uns, dass das Licht von Wachbooten um die Perlenfarmen, in denen Salzwasserperlen gezüchtet werden, stammt. Die Perlenfarmer sind ständig neuen Diebstahlversuchen ausgesetzt. Jedes Jahr wird eine unbekannte Anzahl Diebe hingerichtet – ein Umstand, den die Behörden zu vertuschen suchen, da die Leute ohne Verhör oder Gerichtsverfahren erschossen werden. Wenn man nicht auf die erste Warnung des Wachbootes reagiert, wird man sofort beschossen.

Vor einigen Jahren ist auf eine Farm ein Riesencoup ausgeübt worden. Ein Perlendieb war ganz allein in schwarzer Taucherausrüstung, dunkler Sonnenbrille und mit Handschuhen in einem schwarzen Kajak in den bewachten Raum hineingepaddelt, hatte das Kajak vor Anker gelegt und war in ein Paradies aus Perlen abgetaucht. Tags darauf entdeckte man, dass die Perlen ebenso verschwunden waren wie der Dieb, der keine Spur hinterließ. Ein paar Monate später bekamen alle Zeitungen ein großes Bild von einer Person in schwarzer Taucherausrüstung und Sonnenbrille, die mit Tausenden von Perlen um den Hals neben einem schwarzen Kajak posierte. Die Perlen konnten der beraubten Farm zugeordnet werden. Die Leser waren dermaßen fasziniert davon, dass ein neuer Nationalheld geboren war. Das Foto war bei El Nido aufgenommen worden, nur wenige Kilometer von der Farm entfernt, doch seither hat niemand wieder von ihr gehört noch sie gesehen. Denn es war eine Frau, die hinter *The great kayak pearl robbery* steckte – der schwarze Nagellack hatte zumindest das verraten.

Der Motor verstummt. Wir sitzen alle vier nur da, zusammen mit der Holzkiste, die Geräusche macht. Ansonsten ist es vollkommen still. Dann bringt der Mann aus dem Bug das Boot fast zum Kentern, als er über uns klettert, um dem anderen zu helfen, den Deckel vom Motor abzuheben. Helena sieht mich an, ich sehe sie an, wir holen die Karte raus, wo könnten wir sein, wo sollten wir sein, wo sollten wir besser nicht sein? Ungefähr gleichzeitig entdecken wir, wo wir sind: Shark Bay.

Wir sehen einander durchdringend an und sprechen nicht aus, was wir denken: Haibucht + Motorpanne = Haifutter. Dann sehen wir zu der Kiste mit dem Geräusch darin, das jetzt plötzlich aufgehört hat, und entscheiden, dass dieses Irgendwas *in case of emergency* die Vorspeise für die Haie darstellen wird. Die beiden Männer kämpfen hartnäckig mit dem Motor, sie versuchen ihn zu starten, fluchen, schlagen, versuchen ihn noch mal zu starten, fluchen noch mehr, schlagen fester, und der Motor springt an. Wir fahren weiter.

Der Mann im Bug blinkt mit einer Taschenlampe in Richtung auf etwas, das vor uns im Dunkeln liegt. Kurz darauf wird das Blinken mit einem stärkeren Blinken, wie von einem Leuchtturm, beantwortet. Es blinkt einige Male hin und her, bis sie anfangen, sich zuzurufen – wahrscheinlich werden Losungswörter ausgetauscht. Dann ein Klicken – kleine und große Lampen in Gelb, Grün und Rot erleuchten das, was Flower Island sein muss. Ein unglaubliches Spektakel, ein schöner Anblick, so exotisch, so abenteuerlich und so unwahrscheinlich. Flower Island ist mit Palmen, Stränden und Bungalows bedeckt, und nicht weit von dem kleinen Hafen liegt eine restaurantähnliche Oase.

Der Mann, der uns empfängt, Lucky, trägt Tarzanshorts und zerschlissene Bambussandalen, das Haar ist nass zurückgekämmt, er hat grüne Augen und eine markante Nase. Lucky greift nach Helenas Hand und ihrem Körper und versucht, es so aussehen zu lassen, als würde er ihr an Land helfen, doch ich bekomme dann überhaupt keine Hilfe angeboten. Die beiden jungen Männer verabschieden sich und verschwinden binnen weniger Minuten wieder im Dunkel, man hört und sieht sie nicht mehr. Vorher schaffen wir es gerade noch, ihnen zu sagen, dass sie uns in achtunddreißig Stunden abholen müssen.

Zwei Kinder kommen auf uns zugelaufen, beide haben markante Nasen, und man muss nicht Mendel heißen, um zu begreifen, wer ihr Vater ist. Im Hintergrund kommt ihre Mutter, eine runde Filipina in einem Kleid oder einem Nachthemd. Sie heißen uns willkommen, die Mutter, deren Namen ich vergessen habe, Lucky und ihre beiden Kinder Happy und Joy.

Luckys Frau, nennen wir sie Mrs. Robinson, zeigt uns den Bungalow. Der ist einfach perfekt – Doppelbett mit Bambusverkleidung, bestickte Reiskissen an der Decke, und vor der Tür warten Sand, Strand und Meer. Wir lächeln, sind froh und stolz über unsere Entscheidung, die Intuition ist unser bester Freund. Und unser neuer Freund Lucky wartet darauf, uns mit Hilfe seiner Kinder Happy und Joy ein Abendessen servieren zu können. Wir ziehen uns frische Kleider an und gehen dann die zweihundert Meter hinauf zum Restaurant, wo man uns Omelett mit Reis und Mangosaft auftischt. Auf Flower Island schmeckt alles besser und sieht besser aus.

Wir versuchen, uns mit Lucky zu unterhalten, doch er findet nichts von dem, was wir sagen, auch nur im Geringsten interessant. Während wir sprechen, muss ich plötzlich an die Holzkiste mit dem Geräusch denken. Wohin ist sie verschwunden, und was war das für ein Geräusch?

Ich frage Lucky, warum er Lucky heißt, erhalte aber keine Antwort. Er zieht es vor, auf Helenas Fragen über die Insel zu antworten. Ich kann nicht aufhören, an die

Holzkiste zu denken, inzwischen interessiert sie mich mehr als die Insel, auf der ich gelandet bin. Ich unternehme einen kleinen Spaziergang, tue so, als würde ich mich umschauen, kann aber die Holzkiste nirgends entdecken. Als ich ins Restaurant zurückkehre, sitzt auch Mrs. Robinson dort und lächelt, während Lucky erzählt, wie man mit einem Speer Fische fängt. Helena signalisiert mir, dass sie sich in den Bungalow zurückziehen möchte, und ich kann sie verstehen, schließlich ist sie fünf Minuten länger als ich mit Lucky zusammen gewesen. Der Mann hat keinen Humor, ist extrem selbstzentriert und beantwortet alle Fragen, die er stellt, selbst:

»Das war doch ein gutes Omelett, was?«

»Besseren Mangosaft als den habt ihr doch wohl noch nicht getrunken, was?«

»Das hier ist doch wohl das Paradies, nach dem ihr euch gesehnt habt, was?«

Flower Island.

Lucky nervt uns zunehmend. Zudem hat er noch die schlechte Angewohnheit, niemals still zu sein. Wenn im Gespräch eine natürliche Stille eintritt, füllt er sie mit einem enervierenden Gesumme aus. Und wenn ich etwas erzähle, werde ich immer von seinem »Mmmhmmhmm« unterbrochen. Er sieht uns nicht in die Augen und antwortet fast nie auf Fragen, nicht einmal auf ganz einfache Fragen, zum Beispiel, wie er sein Inselparadies gefunden hat – oder was in der verdammten Holzkiste das Geräusch verursacht.

Wir packen unsere Taschen aus, stellen ein Paket Schokoladenkekse und eine Flasche Wasser auf den Tisch, holen Notizbücher, Stift, Kamera und Waschbeutel heraus.

Dann legen wir uns einigermaßen zufrieden in das Doppelbett und versuchen, die bequemste Schlafposition zu finden. Eine Stunde später erwache ich von einem Geräusch. Ein Rascheln an der Tür. Das muss von draußen kommen. Helena wacht auch auf.

»Was ist das für ein Geräusch?«

»Genau«, antworte ich.

Das Geräusch verschwindet, wir schlafen wieder ein.

Neues Rascheln an der Tür. Jetzt ist es ein konstantes Rascheln, das nur von Tieren oder von Menschen erzeugt werden kann. Wir gehen zur Tür und öffnen sie. Niemand da. Nur das Rauschen des Meeres und der Wind in den Baumkronen. Wir legen uns wieder hin, aber ein paar Minuten später hören wir wieder das Rascheln.

Wir schlafen nicht viel in jener Nacht. Doch als wir ein paar Stunden später die Tür öffnen, ist der Schlafmangel plötzlich egal. Vor uns liegt wie ein Gemälde das Meer – blau, windstill, sanfte Wellen gleiten an Land. Wir bereiten unser delikates Frühstück vor, das aus Wasser und Schokoladenkeksen bestehen soll.

»Hast du die Kekse nicht gestern auf den Tisch gelegt?«, frage ich Helena.

»Doch.«

»Sie sind aber nicht hier. Nur noch Krümel.«

»Sieh unter den Tisch.«

»Nur noch die Verpackung.«

»Vielleicht haben wir sie ja doch aufgegessen? Wir waren bewusstlos vor Müdigkeit, ich kann mich an nicht mehr viel von gestern Abend erinnern.«

»Ich auch nicht. Nur an das Rascheln.«

Vor dem Bungalow hören wir »Mmmhmmhmm«, und dann kommt Lucky mit fünf verschiedenen Fischen auf uns zu. Er hat sie auf einem langen Speer aufgereiht und erzählt, dass er eben draußen gewesen sei, um Fische zu fangen. Die Fische sehen wie Aquariumsfische aus.

»Best fish in the world ... mmmhmmhmm«, sagt Lucky und geht weiter. Wir meinen, er wäre ins Restaurant gegangen, doch kurz darauf hören wir das inzwischen bekannte »Mmmhmmhmm« von irgendwo über uns. Lucky hängt zehn Meter über uns, er ist auf eine Kokospalme geklettert und schneidet Kokosnüsse ab, die nur wenige Meter von unserem Bungalow entfernt in den Sand plumpsen.

Wir stürzen uns ins Meer, um den Rest des Tages abwechselnd zu baden und zu schnorcheln und zu schlafen und zu lesen. Dazwischen können wir nicht anders, als darüber nachzudenken, was für ein Geräusch es gewesen sein könnte, das wir in der Nacht gehört haben. Ich versuche sogar, das Rascheln und das Verschwinden der Kekse mit der Holzkiste in Verbindung zu bringen, kann aber keine logische Erklärung finden. Am Abend essen wir im Restaurant. Das Menü besteht aus Aquariumsfischen, »Mmmhmmhmm« und Mangosaft. Inzwischen geht das ewige »Mmmhmmhmm« von Lucky sogar Helena auf die Nerven, und sowie wir aufgegessen haben, kehren wir in unseren Bungalow zurück.

Zum Nachtessen haben wir ein paar Brotstücke mit rübergeschmuggelt und legen sie zusammen mit Wasserflaschen, Kamera und Notizblock auf den Tisch. Wir geben uns einen Gutenachtkuss und sagen »Schlaf schön«.

Dann hören wir das Rascheln an der Tür. Dasselbe Rascheln wie am Abend zuvor.

Diesmal machen wir sofort die Tür auf. Niemand da. Wir versuchen zu schlafen, und das gelingt uns auch. Um drei Uhr wache ich wieder von dem Rascheln auf. Dann wird es plötzlich still. Ich habe das Gefühl, etwas würde mich ansehen. Helena schläft neben mir, aber es ist noch etwas anderes im Zimmer, mir ist, als würde uns jemand aus nur wenigen Metern Entfernung ansehen. Anderthalb Meter vom Bett entfernt sitzt eine gigantische Ratte. Sie sitzt ruhig und still da und betrachtet mich, während sie an den Resten von unserem Nachtessen nagt. Ich klatsche in die Hände, Helena erwacht, aber die verdammte Ratte sitzt immer noch da und sieht aus, als würde sie lachen. Helena ruft, ich klatsche in die Hände, aber die Ratte sitzt immer noch, als wolle sie erst aufessen, ehe sie überlegt, ob sie jetzt erschrocken sein will oder nicht. Jetzt schleudere ich meine Sandale nach ihr, und es macht sich eine gewisse Reaktion bemerkbar. Die Ratte bewegt sich zehn Zentimeter nach links. Nach viel Rufen und Werfen bekommen wir sie aus dem Bungalow. Das Nachtessen und die Ratte sind weg, aber wir haben trotzdem das Gefühl, als würde das Viech irgendwo sitzen und uns anstarren. Wir legen uns wieder ins Bett und überlegen, was wir tun können, kommen dann aber darauf, dass wir ja keine Not leiden.

Neues Geräusch, wie kleine Schritte, etwas, das sich rasch unter unserem Bett bewegt – eine übergewichtige Kakerlake. Eine andere hinterher. Sie bewegen sich zur Zimmerecke, wo die Ratte ihre Toilette anzulegen geruhte. Bei den Verhandlungen mit der Insektenbranche erweist sich Helena als durchsetzungsstärker als ich. Sie nimmt einfach ihre Sandale und schlägt die Kakerlaken zu Brei. Drei Sandalenschläge später liegen die beiden

Insekten in ihren Eingeweiden, und das direkt neben der Toilette der Ratte.

Flower Island.

Wir erwachen in dasselbe Laken gewickelt, wir haben wohl versucht, unsere Körper zu schützen, indem wir uns unter dem Laken verstecken. Das war offensichtlich die richtige Taktik, denn oben auf dem Laken liegt Rattenkot und etwas, das wie Schokoladenkekse mit Haaren darin aussieht. Doch die Kakerlakenleichen sind verschwunden, der Fußboden sieht aus wie frisch geputzt. War alles nur ein Traum? Dann entdeckt Helena zwei fette Stücke Rattenkot an der Stelle, wo sie die Kakerlaken erschlagen hat. Die Ratte ist also zurückgekommen, und die Kakerlaken liegen jetzt in ihrer Reinkarnation als zwei Rattenschisse vor uns.

Draußen vernehmen wir ein wohlbekanntes Summen, und Lucky taucht mit einer neuen Auswahl bunter Fische auf, die er mit dem Speer erlegt hat. Er fragt, ob wir nicht ein Foto von ihm mit den Fischen machen möchten und ob Helena nicht mit ihm posieren möchte. Das möchte sie nicht. Stattdessen fange ich an zu ticsen – ich klatsche in die Hände, rufe »Air-France-Ratte« und bitte darum, selbst mit Lucky und seinen Aquariumsfischen fotografiert zu werden. Mrs. Robinson macht ein Foto von uns, und nur um Lucky zu ärgern, bitte ich sie, noch fünf weitere Bilder aus fünf unterschiedlichen Winkeln zu machen.

»Auf der Insel hier gibt es ja wohl keine Ratten, was?«, frage ich ihn, während Mrs. Robinson die Kamera einstellt.

»No, no ... no rats ... mmmhmmhmm ...«

»Dachte ich mir«, antworte ich lächelnd in die Kamera, mit einem blaugelben Fisch in der Hand und Rattenscheiße in den Gedanken.

Flower Island.

Wir drehen eine letzte Runde über Flower Island. Ich finde eine halbe Kokosnuss, die ich als Stiftehalter benutzen möchte. Helena sammelt Steine und etwas, das wie Perlen aussieht, und macht Fotos.

Als das Motorboot in den kleinen Hafen gleitet, bezahlen wir frohgemut das, was natürlich ein Wucherpreis ist. Ich bemerke, dass der Mann aus dem Bug zum Restaurant hinaufläuft und die Holzkiste holt. Er stellt sie vorn ins Boot. Das, was das Geräusch gemacht hat, ist offensichtlich nicht mehr in der Kiste. Die Holzkiste ist leer.

Als wir Flower Island verlassen, sehen wir neue Aquariumsfische nebeneinander am Strand liegen, nicht weit davon sammeln die Kinder Joy und Happy Muscheln, während Mrs. Robinson mit einer Schürze in der einen Hand und einem Badeanzug in der anderen uns zum Abschied winkt. Die Szene wirkt wie aus einem Werbefilm. Fünfzig Meter entfernt sitzt ganz oben in der Krone einer Palme ein summender Mann und wirft Kokosnüsse in den Sand.

Der Bruder eines der Bootsleute fährt uns in seinem Lastwagen nach El Nido. Die Stadt ist netter und moderner als Puerto Princesa. Man kann tauchen und schnorcheln, und die Hauptstraße ist voller Cafés und Restaurants – aber total verlassen. Ein paar Restaurants haben geöffnet, wir wählen eines mit lokalen Gerichten aus. Am Ende gibt es dann spanisches Omelett und Mangosaft.

Wir machen nicht viel mehr, sondern sitzen hauptsächlich schweigend da, sehen auf das blaue Meer hinaus, zu den Schiffen am Horizont oder zu den geschlossenen Geschäften hinter uns. Keine Kidnapper, Friede und Freude und ein wahnsinnig gutes spanisches Omelett. Der Körper bekommt die Erholung, die er braucht, damit er mit all dem anderen weitermachen kann, was wir mindestens ebenso sehr brauchen. Und bald schon müssen wir El Nido wieder verlassen und zum Flughafen fahren.

Ein kleines zweimotoriges Propellerflugzeug wird uns über die Sulusee und nach Manila bringen. Wir sind sechs Reisende und warten auf den siebten. Da kommt der lange Holländer zum Flugzeug geschritten, als habe er alle Zeit der Welt.

Helena schläft im selben Moment ein, als das Flugzeug abhebt. Ich schaue aus dem Fenster und sehe Palawan im Nebel unter uns verschwinden, und kann nicht umhin, mich zu fragen, warum der lange Holländer es in Puerto Princesa so eilig hatte, und warum er jetzt alle Zeit der Welt hat. Doch am meisten grübele ich darüber nach, was wohl das Geräusch in dieser Holzkiste verursacht hat.

Mr. Crossfire

Ljusdal, Schweden

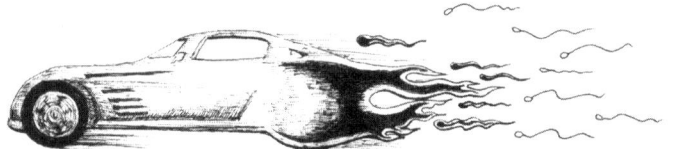

Drei Fahrradfahrer kommen auf mich zu. Ich glaube, sie haben im Publikum gesessen, aber sicher bin ich nicht. Vorige Woche zum Beispiel war ich ganz sicher, dass im Publikum in der holländischen Stadt Roda Al Pacino gesessen habe, eine Behauptung, die meine Freunde ein wenig narzisstisch fanden. Die drei Fahrradfahrer kommen auf mich zu, als ich gerade den Kofferraum von meinem Chrysler zumache. Eine von ihnen, die Frau mit einem langen blonden Zopf, der hinter ihrem linken Ohr ruht, gibt mir die Hand und bedankt sich. Sie sagt nicht, wofür sie dankt, sondern nur Danke und dass sie Veronica heißt. Die anderen stellen sich nicht vor, sondern nicken stattdessen und lächeln vorsichtig. Wir sagen Tschüss, und dann rollen sie mit ihren Fahrrädern weiter. Ich mache den Kofferraum zu und lasse mich auf dem Fahrersitz nieder. Nach ein paar Minuten strategischer Planung beschließe ich, nach Hause zu fahren, die knapp dreihundert Kilometer sollte ich trotz Herbstregen, dunklen Wäldern und verwirrten Elchen in vier Stunden schaffen. Ich fahre auf die östlichen Teile von Ljusdal zu und biege an einem Rondell in eine Shell-Tankstelle ein. Nach dem Tanken setze ich in eine Parkbucht zurück, um Nüsse, Kaffee und Lakritz zu kaufen. Ein paar Minuten später sitze ich wieder auf dem Fahrersitz meines Autos, nehme ein paar Schlucke von dem Kaffee, nage an den Nüssen und sehe mich um. Ich sehe Sattelschlepper, einen Bus, Kombis – und einen Chrysler Crossfire. Es handelt sich also nicht um einen gewöhnlichen Sportwagen, das hier ist ein Crossfire, der sich auf einem Parkplatz ebenso sinnlich anfühlt wie bei hundertachtzig Stundenkilometer.

Der Besitzer, ein Mann im besten Alter, kommt aus der

Tanke. In der einen Hand hat er eine Tankstellentüte, in der anderen einen Becher Kaffee, die Autoschlüssel hängen zwischen den Vorderzähnen. Er lehnt sich an die Motorhaube und trinkt halb sitzend seinen Kaffee, während er sich umsieht. Er fasziniert mich in seiner entspannten Art und seinem attraktiven Äußeren. Ich sollte losfahren, habe aber das dringende Gefühl, etwas über sein Auto sagen zu müssen, ehe ich fahre. Ich nehme meinen Kaffeebecher in die Hand und steige aus meinem Auto, doch ehe ich noch meinen Kommentar absondern kann, sagt Mr. Crossfire:

»Schönes Auto haben Sie da.«
»Danke«, antworte ich.
»Wirklich.«
»Danke«, wiederhole ich.

Eine peinliche Pause entsteht, und ich fühle mich, als wäre ich wieder fünfzehn und im Begriff, beim Lachsfestival 1981 Ingrid zu fragen, ob sie mit mir gehen will.

»Ein Crossfire«, sage ich. »Wunderbares Auto.«
»Danke«, antwortet er.

Wir sehen einander kurz in die Augen. Beide sind wir etwas unsicher, aber ein kleiner Ferrari-Witz bringt uns zurück in die sichere männliche Welt.

»Hab heute Morgen in der Zeitung über Sie gelesen«, sagt er. »Eine Bekannte von mir wollte kommen und zuhören. Ich selbst wäre ja auch …«

Er lässt den Satz unvollendet. Wir drehen die obligatorischen Runden ums Auto, inspizieren das Fahrzeug, befühlen die Türgriffe, kommentieren das Material und die Fahreigenschaften. Ich sitze zur Probe auf dem Fahrersitz und fühle mich wie der Pilot einer Boeing 747 mit einem Kaffeebecher in der Hand. Ich bemerke, dass er dieselben Gehirnstimulanzien gekauft hat wie ich: Nüsse, Kaffee und Lakritz. Er hat sogar denselben Automusikgeschmack: Tom Waits, Willie Nelson, Haydn und REM. Das kommentiere ich allerdings nicht, womöglich könnte er es als aufdringlich empfinden. Wir bleiben jeder auf einer Seite des Autos stehen, lehnen uns ein wenig an die Motorhaube und trinken Kaffee aus unseren Shellpappbechern. Das Schweigen fühlt sich natürlich an, der Prolog ist klar, und die Handlung beginnt:

»Sie können nicht weit gefahren sein.«

»Drei Kilometer. Woher wissen Sie das?«

»Die Motorhaube ist kalt.«

»Wohne auf der anderen Seite des Ljusnan.«

»Das heißt, Sie führen das Auto nur ein wenig Gassi?«

»Das nächste Mal, wenn ich aussteige, wird es irgendwo auf einer Fähre sein.«

»Dienstreise?«

»Um ehrlich zu sein – ich haue ab.«

Ich weiß nicht, ob er einen Witz macht oder nicht. Als ich gerade nachfragen will, redet er weiter. »Ich ziehe weg ...«, fügt er mit gedämpfter Stimme hinzu, »Galizien ...«

»Galizien?«

»Dahin fahre ich.«

»Heute Abend?«

»Sobald ich Sie losgeworden bin«, sagt er lächelnd.

»Ich werde Sie ziehen lassen«, antworte ich und meine es auch.

»Keine Eile. Ganz und gar nicht. Bleiben Sie gern.«

»Dann hat all Ihre Habe Platz in einem Crossfire?«

Er antwortet nicht, und ich merke, dass ich aufbrechen muss, die Müdigkeit breitet sich in mir aus.

»Ich will Ihre Reise nicht unnötig lange herauszögern, also ...«

Ich reiche ihm die Hand, doch er nimmt sie nicht. Sein Blick verliert den Fokus und erstarrt, etwas stört ihn, offensichtlich ist hier nicht die Rede von irgendeiner Urlaubsreise.

»Habe mir selbst versprochen, einen Crossfire zu kaufen ...«

»Wenn Sie je genug Geld dazu haben?«, unterbreche ich ihn schnaufend.

Er lächelt:

»Wenn ich alles verliere.«

Ich versuche, mich zurückzuhalten, der Mann meint es ernst.

»Alles?«

»Als eine Art Belohnung ...«

Er wirkt authentisch, also beschließe ich, ihm noch ein paar Minuten zu geben. Ohne mich anzusehen, fährt er fort:

»Und jetzt habe ich einen Crossfire. Klingt kindisch, aber das Auto ist meine Motivation, weiterzugehen ...«

»Von wo weiterzugehen?«

»Von der Erniedrigung.«

Er geht noch eine Runde ums Auto, dann macht er die Tür zum Beifahrersitz auf und bittet mich, auch dort einmal Platz zu nehmen. Die Tür geht mit einem richtigen »Klick« zu, dem klassischen Autotürenklick, so wie er klang, ehe die Mechanik durch Elektronik ersetzt wurde. Er setzt sich hinters Steuer, lehnt sich im Sitz zurück und fingert ein wenig auf dem Armaturenbrett herum.

»So ist das«, sagt er plötzlich in verändertem Tonfall. »Sie hat immer gern mit Menschen gearbeitet, deshalb war es keine Überraschung, dass sie den Job in Kinshasa angenommen hat. Wir haben darüber gesprochen, ehe sie definitiv zugesagt hat. Wir waren ... wir waren sechs Jahre zusammen gewesen, als sie das Angebot bekam, in der Entwicklungshilfe zu arbeiten.«

»Ich habe auch eine Freundin, die in der Entwicklungshilfe arbeitet«, werfe ich ein.

»Dann wissen Sie ja, wovon ich rede.«

»Vielleicht.«

»Jedenfalls hat sie einen Vertrag über achtzehn Monate unterschrieben. Ich würde sie in regelmäßigen Abständen besuchen, und sie würde, so oft es ginge, nach Hause kommen.«

Er nimmt einen Schluck aus dem Kaffeebecher, ehe er weitererzählt:

»Ein paar Jahre ehe sie den Job im Kongo angenommen hat, hatten wir beschlossen, im Leben jetzt Nägel mit Köpfen zu machen – Kinder, Haus, das ganze Programm. Also hatten wir Sex zu bestimmten Zeiten, es war das reinste Versuchslabor, verschiedene Stellungen, dabei auch welche, die nicht mal die Tiere kennen. Alles wegen der Befruchtung. In Ljusdal und später im Kongo. Und mitten in dem ganzen Theater wurde mir klar, dass ich noch niemals eine Frau schwanger gemacht habe, jedenfalls nicht, soweit ich weiß. Die Gedanken fingen an, in meinem Kopf zu kreisen. Ein Jahr lang passierte nichts. Müsste ich mich mal testen lassen?«

Ich weiß nicht so recht, worauf Mr. Crossfire mit dem Gespräch hinauswill, und ich spüre, dass ich gerade keine Kraft habe, mich um die Beziehungen von anderen zu kümmern, aber ich lasse ihn trotzdem weiterreden.

»In allen armen Ländern gibt es Leute aus Europa, die

helfen wollen, und mindestens ebenso viele, die mit dem Elend Geld verdienen wollen. Wir waren entsetzt über das Verhalten vieler Entwicklungshelfer, zügelloser Sex und besinnungsloses Saufen schienen obligatorischer Bestandteil der Abendvergnügungen in der Welt der Entwicklungshilfe zu sein. Sorry, Florence Nightingale. Während einer Woche hatten wir Mittag- und Abendessen mit zwei Diplomaten, einem Türkeiamerikaner, vier Leuten aus Sida, drei aus Lida. Doch nirgends begegnete mir echtes Mitgefühl oder Herzlichkeit, alle schienen nur vertrocknete alte Jammerlappen zu sein. Wir haben wenigstens uns, sagten wir, als wir uns am Flughafen trennten. Sie weinte, ich versuchte, die Tränen zurückzuhalten, um sie stark zu machen. Wir würden uns bald wiedersehen. Knapp zwei Monate später.«

Er tritt die Kupplung und führt den Schaltknüppel sanft vor und zurück, als wolle er zeigen, wie geschmeidig die Gangschaltung ist.

»Konnten meine Spermien schwimmen, oder brauchten sie eine Schwimmweste?«

Er zupft am Schaltknüppel, dreht am Spiegel. Ich sitze auf dem Beifahrersitz und fühle mich wie ein grauer Therapeut, der weder Fragen noch Antworten hat.

»›Wenn Sie fertig sind, dann schalten Sie die rote Lampe aus, dann komme ich und hole sie‹, hat die Krankenschwester gesagt. Sie? Habe ich gedacht. Das klingt doch gesund. ›Wenn Sie nicht wollen, oder wenn es nicht klappt, dann kommen Sie einfach wieder raus. Wir sind bis siebzehn Uhr hier.‹ Die Wanduhr zeigte 8:34 Uhr.

Sie machte die Tür zu und knipste die rote Lampe an, und ich dachte, dass ich nun einen ganzen Arbeitstag vor mir hatte. Sollte es aber doch vor dem Mittagessen schaffen. Ich blätterte in der Zeitung, die auslag. Zwei nackte, rasierte Männer mit erigierten Penissen wetteiferten darum, in die zwei rasierten Öffnungen einer Frau einzudringen. Nachdem ich eine Weile geblättert hatte, wurde mir klar, dass ich wahrscheinlich den ganzen Tag brauchen würde, zu etwas zurückzufinden, was auch nur im Entferntesten etwas mit Lust zu tun hatte. Dann fiel mir ein, dass die Fantasie mein bester Freund ist, also zog ich mich aus, machte das Radio an, dachte an den Sommer 1998 – und um 9:23 Uhr knipste ich die rote Lampe aus.

Die Krankenschwester war deutlich: ›Das wird Ihnen beiden Zeit und Kraft abverlangen. Das klingt jetzt vielleicht hart, aber für eine natürliche Befruchtung braucht man achtzig Millionen Spermien, und Sie haben sieben Millionen.‹ An mehr erinnere ich mich nicht. Ich hatte nur die Grundausrüstung mitbekommen. Sie zeigte mir ein Bild von der Spermienstadt – selten haben sieben Millionen Einwohner nach so wenig ausgesehen.«

Er macht eine Pause, sieht mich an, als wolle er kontrollieren, ob ich auch nicht eingeschlafen bin. Er beugt sich zur Windschutzscheibe vor und redet weiter:

»Die Krankenschwester hat vergessen, das Bild von der ausgestorbenen Spermienstadt mitzunehmen, also habe ich es in die linke Jackentasche geschoben, ein reiner Impuls, keine Ahnung, warum ich das getan habe. Ich verließ die Klinik, setzte mich ins Auto und beschloss, sowie ich auf der Autobahn wäre, mich selbst zu bemitleiden und den Tränen freien Lauf zu lassen.«

Seine Stimme verändert sich, als würde er sich selbst bewusst werden:

»Entschuldigung, Sie müssen sich wirklich nicht die

Unterleibsbeschwerden eines anderen Mannes anhören, danke, dass Sie …«

»Aber Sie sind einander nähergekommen, das ist doch ein Glück im Unglück«, sage ich grauenhaft korrekt.

»Einen knappen Monat später sollten wir uns treffen und in die Berge fahren«, fuhr er fort. »Ich habe Auto, Hütte und Ski gemietet. Ich habe sie vom Flughafen abgeholt, sie hatte etwas zugenommen, ihre Haut wirkte unrein, sie war müder. Irgendwas stimmte nicht. Sie war distanziert. ›Leichte Lebensmittelvergiftung in Kombination mit dem Jetlag‹, sagte sie. Sie war langsamer auf der Loipe als sonst, hatte die Kondition eines Achtzigjährigen und bewegte sich wie ein müder Teenager. Als wir in die Stadt zurückkamen, sollte sie für ein Entwicklungshilfeprojekt im Kongo Schwangerschaftstests kaufen. Das klang in meinen Ohren plausibel. Sie wirkte immer noch unruhig und schlecht gelaunt, obwohl sie jetzt fast zwei Wochen lang zu Hause war. Als sie wieder was von Jetlag murmelte, wurde ich wütend und sagte, dass sie zum Teufel endlich mal erzählen sollte, was mit ihr los sei. Sie stellte sich ganz nah zu mir. Ich spürte, dass sie zitterte, und konnte kaum hören, was sie sagte, als sie flüsterte: ›Erinnerst du dich an den Türkeiamerikaner, der uns zum Mittag eingeladen hat …?‹ Und dann rollten schon die Tränen. Doch ehe das Weinen sie überwältigte, fügte sie noch hinzu: ›Ich habe für morgen einen Termin im Krankenhaus.‹«

Eigentlich will ich nicht noch eine von diesen Geschichten über Untreue hören und all die Verbitterung dabei mitkriegen, das ist einfach ermüdend, und man hat das schließlich alles schon mal gehört. Doch sein Tonfall lässt die Geschichte weniger anstrengend wirken, er scheint die akute Phase schon hinter sich zu haben. Er stellt den Kaffeebecher auf den Airbagkasten über dem Radio und redet weiter:

»Also fuhr ich sie tags darauf in die Frauenklinik, um bei ihr zu sein. Sechs Jahre Liebe brachten mich dazu. Ich habe nicht darüber nachgedacht, sondern es einfach automatisch gemacht. Sie litt schließlich genauso wie ich, auch wenn sie Teile von ihrem Körper umbringen wollte, denen sie nur wenige Wochen zuvor nicht widerstehen konnte.«

»Action speaks louder than words«, werfe ich schnell ein.

»Ich sah sie da im Bett liegen, mit rotgeweinten Augen und Übelkeit. Ich küsste sie und sagte die drei Wörter, und ich lächelte sie krampfhaft an. Und dann versprach ich ihr, dass alles gut werden würde. Sie nahm ihre Tablette, schluckte sie, und alle Spuren der freiwilligen Okkupation verschwanden.«

Er nimmt sein Handy, sieht darauf und fährt fort:

»Als sie eingeschlafen war, lief ich aus dem Zimmer und durch eine Hintertür hinaus, die dann natürlich zufiel.«

»Wo sind Sie gelandet?«

»Im Innenhof der Frauenklinik. Da saß ich also, traurig und gekränkt und ausgeschlossen. Ich blätterte in einer Zeitschrift, die auf dem Tisch vor mir lag. Mein Blick blieb an einem Bild von Galizien hängen. Da waren keine Sonne, weißer Sand und blaues Meer drauf, sondern alte Fischerboote, Ölfässer und Nebel. Und ganz hinten im Bild, vor einer verfallenen Garage, etwas, das aussah wie ein Crossfire. Ich starrte intensiv auf das Bild ... Wenn ich da wäre. Dann wäre ich vielleicht nicht überglücklich, aber ich könnte mich doch wenigstens wieder mit mir selbst anfreunden. Ich riss das Bild aus der Zeitschrift aus und beschloss, dass ich, wenn das alles vorbei wäre ... ja, ich gelobte mir selbst da und dort, dass ich mir einen Crossfire kaufen und nach Galizien fahren würde. Wenn ich einen Kredit bekommen würde.«

Er macht eine Pause, lehnt sich im Sitz zurück.

»Das ist jetzt zwei Jahre her.«

»Es hat zwei Jahre gedauert, den Kredit zu kriegen?«

»Sie ist noch ein paar Wochen zu Hause geblieben und dann wieder in den Kongo zurückgereist.«

»Sie ist zurückgegangen?«

»Ich musste nachdenken und brauchte Distanz. Sie mochte den Job und hatte noch acht Monate von ihrem Vertrag zu erfüllen. Man kann sich für Untreue nicht so lange krankschreiben lassen, und ich ... ja, ich wollte, dass sie einen anderen kennenlernen würde, damit ich die Verantwortung für eine Zukunft ohne Kinder nicht würde tragen müssen. Das würde sie für den Rest ihres Lebens unglücklich machen. Was würde das schon für eine Beziehung werden?«

Er beugt sich vor und streicht mit den Händen übers Lenkrad.

»Ein Jahr später fand ich an Bord irgendeines Flugzeugs zufällig das Bild von meinen Spermien. Das Foto lag noch zusammen mit dem Galizienbild in der Jackentasche. Nebel, Fischerboote, eine verfallene Garage.«

Plötzlich lacht er, als wäre alles nur ein Witz, und sagt dann:

»Da bin ich an meine alte Fantasie oder Idee erinnert worden, dass Galizien Zyniker tötet. Ein paar Tage später hatte ich den Kredit.«

Er steckt den Schlüssel ins Zündschloss, sieht mich an und lächelt:

»Den Crossfire habe ich am Donnerstag abgeholt.«

Ich ziehe den Reißverschluss meiner Jacke hoch, draußen fängt es an, kalt zu werden. In ein paar Tagen wird der Oktober zum November, jeden Tag kann das erste Glatteis kommen. Ich weiß nicht so recht, was ich sagen soll, sage aber trotzdem:

»Und Ihre Frau?«

»Sie war heute Abend bei Ihrem Vortrag. Wenn sie nach Hause kommt, findet sie ein Bild von Galizien.«

»Wo werden Sie den ersten Halt machen?«

»Dänemark.«

Mir wird klar, dass ich ihn mag, ich bewundere seinen Mut und seinen Ehrgeiz, die durchdachten Argumente und die offenkundige Naivität. Er fasst einen Beschluss, er tut etwas, und schon das allein ist etwas Besonderes. Ich wünschte, er würde mich verärgern, es wäre alles viel einfacher, wenn ich ihn angeberisch oder sentimental finden könnte. Aber das ist er nicht, der Gesichtsausdruck und die Körpersprache sagen etwas anderes. Außerdem ist das hier ein Entschluss, der reifen konnte, er ist kein verzweifelter Suchender nach dem Glück in einem schweren Sportwagen. Ich mache die Beifahrertür auf und steige aus.

»Schreiben Sie sich die Nummer auf. EMS 747. Falls Sie mal vorbeikommen«, sagt er mit einem Lächeln.

Das Auto gleitet leise aus der Tankstelle, das wie eine Welle geformte Rücklicht verschwindet im Oktoberdunkel. Ich versuche, mich an Details seiner Geschichte zu erinnern, verliere aber den Faden. Die Müdigkeit macht sich bemerkbar.

Ich hole mir noch einen Becher Kaffee, den ich in meinem eigenen Chrysler trinke, mache einen Moment lang die Augen zu und verlasse die Shell-Tankstelle eine Stunde später.

Als ich an Gävle vorbei bin, muss ich bremsen. Obwohl es jetzt fast drei Uhr morgens ist, hat sich ein langer Stau gebildet, der sich kaum bewegt. Ich kann nicht erkennen, was passiert ist, sehe aber keine Krankenwagen, sondern nur ein Polizeiauto und einen orange blinkenden Abschleppwagen. Der Stau kriecht langsam vorwärts. Dann wieder Halt. Ein Mann in orangefarbenem Overall, wahrscheinlich vom Abschleppdienst, kommt die Straße entlanggelaufen. Als er sich meinem Auto nähert, kurbele ich die Scheibe herunter und frage, was los ist.

»Wir suchen nach Blut- oder Fellresten. Könnte ein Wildunfall gewesen sein. Muss nachsehen, denn das ist hier gerade Strecke, und da passiert nur selten was.«

»Also ein Autounfall?«, frage ich.

»Junger Verrückter in viel zu schnellem Sportwagen.«

Etwa zwanzig Meter von der Unfallstelle ist ein Sattelschlepper geparkt. Der Fahrer spricht mit einem der Polizisten, wahrscheinlich ist er ein Zeuge. Als ich an der Unfallstelle vorbeifahre, sehe ich nur die Räder, das Chassis und die Fenster. Ohne weiter nachzudenken, parke ich hinter dem Sattelschlepper. Ich merke, dass mein Körper zittert, und das schon eine Weile lang. Ich springe aus dem Auto, sehe in den Graben hinunter und erkenne die klassischen Formen, die Flügel um das Logo, die Linien unter den Fenstern – ein Chrysler Crossfire. EMS 747.

»Was ist mit dem Fahrer?«, frage ich den Lastwagenfahrer.

»Vor einer Stunde mit dem Krankenwagen weggebracht worden. Sah nicht gut aus. Gar nicht gut.«

Der Fahrer schüttelt den Kopf, während er in sein Führerhaus klettert.

Das Körpersystem wird außer Funktion gesetzt – ich versuche zu reden, finde aber keine Worte, versuche zu denken, finde aber keine Gedanken, und ich fahre einfach weiter mit dem Gesicht des Mannes vor mir. Dann gehe ich in die Eisen, wende an einer Einfahrt und begebe mich auf die nördliche Fahrbahn.

In Gävle biege ich ab, fahre durchs Zentrum und bleibe nicht stehen, ehe ich das Krankenhaus vor mir sehe. Die Notfallannahme ist nur hundert Meter weg. Ich parke den Wagen, klappe meinen Laptop auf und gehe auf die Website der Verkehrsbehörde. Ich will seinen Namen wissen. EMS 747. Gut. Jetzt habe ich einen Namen. A. Ich bleibe im Auto sitzen, weiß nicht recht, was ich tun soll.

Es ist fast vier Uhr früh. Ich muss die letzte Person gewesen sein, mit der A. gesprochen hat. Sollte ich reingehen und nach ihm fragen? Lebt er? Lebt dieser Wahnsinnige? Zum Teufel, A. Ich bin ärgerlich, lache hysterisch, fange fast an zu weinen. Ich sollte reingehen. Ich will es einfach nur wissen. Wenn ich reingehe und sie mir antworten, dann lebt er. Wenn sie aber schweigen und nach meinem Pass fragen, dann liegt er schon im Kühlhaus.

Das sah nicht gut aus. Gar nicht gut.

Ich erwache, als eine Autotür zugeknallt wird. Jemand vom Krankenhauspersonal hat sein Auto vor einem neuen Arbeitstag geparkt. Es ist halb neun. Der Körper fühlt sich kalt, aber ausgeschlafen an, richtig frisch. Ich denke über das nach, was passiert ist, und beschließe, ins Krankenhaus zu gehen, um mir wenigstens eine Tasse Kaffee zu besorgen. Die Ambulanz liegt nur ein paar Meter links vom Kaffeeautomaten. Ich betrete die Abteilung.

Die Krankenschwester sieht in ihre Papiere und fragt mich, wie ich heiße und ob ich mit A. verwandt bin. Sie bittet mich, zu warten. Und ich warte. Zehn Minuten lang. Ich begreife, dass A. den Unfall wahrscheinlich nicht überlebt hat. Ich stehe einfach aufrecht da und warte, vermutlich auf den Krankenhauspfarrer. Die Schwester kommt zurück.

»Sie müssen auf der Intensivstation im zweiten Stock fragen«, sagt sie.

Im zweiten Stock ist es sehr still, unnormal still. Manchmal gehen die Türen zur Intensivstation automatisch auf, wenn jemand vom Putzdienst oder ein Weißgekleideter durchgeht.

Ich setze mich auf ein Sofa, das ein paar Meter von der Tür entfernt steht. Die Rezeption ist leer. Im Hintergrund sind kleine Pieptöne und ein Radio zu hören. Hinter der Rezeption hängt eine weiße Tafel, auf der die Patienten mit blauem Filzstift eingetragen sind, sie haben eigene Zimmer. Ich gehe an Zimmer 6 und 7 vorbei.

In Zimmer 9 liegt eine Person mit bloßem Oberkörper, an der Brust und der rechten Schläfe sind Schläuche befestigt. Der rechte Arm liegt dicht am Körper, und auf dem Zeigefinger sitzt eine Klemme. Seine Augen sind offen. Zwischen Daumen und Zeigefinger der linken Hand hält er ganz fest einen langen blonden Zopf, der hinter dem linken Ohr einer Frau liegt, die die Frau sein muss. Ich weiß, dass sie Veronica heißt, und sie weint und küsst seine Stirn. Und ich glaube, er lächelt.

Ich beschließe, dass er lächelt.

Auf dem Kvissedeforsen

und eine Fahrt mit dem Krankenwagen

… der spitzbärtige Mann in der grün-gelben Weste sagt Falun und sieht mich an, Johan starrt mich an, ohne zu antworten, und was macht die Statoil-Tüte da an meiner Hand? Ich werde mit Hilfe einer Pumpvorrichtung unter der Trage in den Krankenwagen gehievt. Einen Rucker später bin ich in halb liegender Stellung festgeschnallt. Die Hintertür schlägt zu, und wir rollen sachte auf etwas hinaus, was eine Landstraße sein muss. Eigentlich könnte ich hier ganz schön liegen, wenn es nicht gegen die Fahrtrichtung wäre, weshalb ich alles rückwärts erlebe. Ich sehe ein Statoil-Schild am Horizont verschwinden, das Hinterteil eines Sattelschleppers, gelbe Straßenlaternen, keine Straßenlaternen, Hunderte von Fichtenkronen, überall Fichtenkronen. Der Mann in der grün-gelben Weste fragt mich, was für ein Tag heute ist, ich weiß nicht, was für ein Tag heute ist, dieser Tag fühlt sich an wie ein Jahr, irgendwo tut mir was weh, ich weiß aber nicht, wo, auf einem rot-weißen Pullover klebt geronnenes Nasenblut, es ist derselbe Pullover, den ich heute Morgen beim Frühstück anhatte, nur ein paar Stunden her, in Tallinn …

Tallinn, 11.00 Uhr
Nach dem Frühstück halte ich einen zweistündigen Vortrag und unternehme dann eine Wiedererkennungstour, bevor ich in Richtung Westen abfliege. Ehe ich einen Ort verlasse, mache ich oft solche Last-Minute-Spaziergänge, hauptsächlich, weil ich ein schlechtes Gewissen habe und der Stadt eine Chance geben möchte. Natürlich haben alte Städte wie Tallinn etwas ganz Zauberhaftes, so echt und historisch. In diesem Moment zum Beispiel gehe ich über genau dieselben Pflastersteine, auf denen andere Redner vor hundert Jahren gingen, diesel-

ben Pflastersteine, auf denen im 20. Jahrhundert Kommunismus und Unterdrückung herumgetrampelt sind, ich spaziere durch dieselben Straßen, durch die vor nur wenigen Jahren die Einwohner der Stadt selbst kaum gehen durften. Hier haben sich viele politische Aufständische auf der Flucht vor dem KGB und den Streifenpolizisten der Stadt mit ihren langen Mänteln und den tief sitzenden Pelzmützen die Füße an Bürgersteigkanten und herausstehenden Pflastersteinen gestoßen.

Ich sehe mich auf den schönen Plätzen Tallinns mit ihren viereckigen Souvenirbuden um und frage mich: War ich hier schon einmal? Nun weiß ich ja, dass ich noch nie in Tallinn war, aber habe ich mich nicht schon einmal in derselben Situation befunden, im selben alten historischen Milieu mit denselben Souvenirbuden? Das Gefühl gleicht dem in der Altstadt in Stockholm, in Riga, in Prag, in Edinburgh. Wie schön und spannend all diese historischen Städte auch sind, stellt sich doch immer so ein steriles und monotones Gefühl ein, eine kleine Stimme im Kopf, die flüstert: »Oh, wie schön, oh, wie tot.«

Während ich in der Stadt herumlaufe, klopft plötzlich dieser Gedanke wieder an, der mir sagt, dass ich genau heute etwas tun sollte, was ich ganz einfach vergessen habe. Derselbe Gedanke tauchte auch schon während des Frühstücks und mitten im Vortrag auf, und er fängt an, mich zu ärgern.

Auf dem internationalen Flugplatz von Tallinn gehe ich zwischen Tax-free-Einkaufenden umher, sehe spindeldürre Frauen aus Italien hochhackige Holzschuhe kaufen und bleich-fette Männer mit Birminghamdialekt einen Sixpack Tuborg Export schleppen.

Ich lasse mich auf einem modernen grünen Stuhl nieder, schließe die Augen, und als ich sie zehn Minuten später wieder öffne, bin ich etwas sanfter in mir selbst gelandet.

Die alte Saab-Maschine hat eine sehr kurze Anlaufstrecke, und nach nur wenigen Minuten sehe ich Estland unter mir verschwinden. Links vorn kann ich bereits Südschweden und Bornholm erahnen, und als wir eine halbe Stunde später über Kalmar fliegen, denke ich daran, dass ich dort unten, direkt rechts neben der großen Brücke, vor vier Tagen Mr. Tourette gegeben habe. Jetzt, fünfunddreißigtausend Fuß über Götaland, wartet eine kleinere Mahlzeit auf mich, und als der Kaffee ausgetrunken ist, kommt der Kopilot und sagt, dass wir die Sicherheitsgurte schließen und alle elektronischen Geräte abschalten müssen, weil wir jetzt mit dem Landeanflug auf Oslo beginnen.

… ich versuche, das Nasenblut abzuwischen, die eine Hand ist in die Plastiktüte eingewickelt, die andere kriege ich nicht hoch, wie sehr ich es auch versuche, sie reagiert nicht. Der Mann in der grün-gelben Weste leuchtet mir mit einer kleinen Taschenlampe direkt in die Augen, während er auf einen Computerschirm neben sich schaut. Er scheint zu wissen, was er tut, wirkt professionell, effektiv und arbeitet, anstatt zu reden. Er sucht in einer Tasche voller Spritzen, Kanülen, Pflaster, Bandagen und durchsichtiger Plastiktütchen. Ich weiß nicht, ob er die Tasche umpackt, oder ob er nach etwas sucht, das er nicht findet …

Oslo, 14.00 Uhr
Ich habe eine Besprechung bei Aker Brygge mit Cecilia und Julie, der Produzentin und der Regisseurin eines Fil-

mes, der auf einem Buch aufbaut, das ich geschrieben habe. Wir sitzen draußen, die Sonne scheint und alle Leute, selbst die Kellnerin, tragen Sonnenbrille. Es ist immer noch ungewöhnlich kalt dafür, dass bald Mittsommer ist. Ein paar Stunden später chauffieren mich die beiden zum Flughafenexpress, der mich nach Gardermoen bringen wird, von wo ich nach Schweden fliegen werde. Es sieht also ganz so aus, als würde dieser Tag so verlaufen wie geplant: Frühstück in Tallinn, Mittagessen in Oslo und Abendessen in Stockholm.

»Mach's gut, tschüss, und pass auf dich auf«, sagen die beiden, als würden sie etwas anderes befürchten.

An Bord der SK832 werde ich plötzlich müde, ich setze die Kopfhörer mit aktiver Geräuschunterdrückung auf und schließe die Augen. Wieder hüpft da dieser Gedanke hoch, der behauptet, dass ich etwas vergessen hätte, ohne mir aber zu verraten, was das sein könnte.

Als wir schließlich in Schweden gelandet sind, und ich wie gewohnt in Habachtstellung stehe und auf mein Gepäck warte, piept mein Handy, und der undeutliche Gedanke wird plötzlich viel deutlicher:

Wir warten. Wo bist du?
Jenny.

… das Blaulicht ist auch aus dem Innern des Wagens zu sehen, obwohl wir uns auf den hellsten Tag des Jahres zubewegen. Das beunruhigt mich, ebenso wie die Tatsache, dass das Auto mehr beschleunigt als bremst. Es macht mir Sorgen, dass ich vielleicht richtig schlimm dran sein könnte, sodass ich möglicherweise nie wieder vorwärtsfahren werde. Ich frage den Mann in der grün-gelben Weste, warum sie es so eilig haben, ich blute doch schließlich nur aus der Nase. Er antwortet nicht. Aber vielleicht hört er auch nicht, was ich sage ...

Arlanda, Stockholm, 17.30 Uhr
Jetzt fallen alle Puzzleteile an ihren Platz. Eine Frage und ein Name, das war alles, was ich brauchte.

Jenny, Ella, Johan und ich wollten von heute bis Montag campen und auf dem Kvissedeforsen Kajak fahren. Treffpunkt war eine Statoil-Tankstelle kurz vor Falun. In diesem Moment, als mein Gepäck aufs Band gespuckt wird, bin ich ungefähr eine Stunde zu spät, und ich werde mindestens drei Stunden zu spät kommen. Ich habe das Campen und das Paddeln schlichtweg vergessen, was an der Erschöpfung oder am Stress liegen kann, vielleicht auch an beidem. Doch ich fühle mich gar nicht gestresst, nur müde. Mein Körper findet, dass ich nach Hause fahren sollte. Der Kopf aber will paddeln, und so verliert der Körper die Diskussion. Ich bin in dem Strom schon einmal gepaddelt und kenne ihn sehr gut. Er ist nicht einzuschätzen, gewunden und hat eine Menge Strömungskehren, was ihn zu einer Herausforderung macht.

Ich schreibe eine SMS zurück und bitte sie, nach Mora zu fahren und die Stadt in Touristenmanier zu erkunden, bis ich sie einholen werde – in knapp zwei Stunden, wenn ich ungesetzlich schnell fahre, was ich selten tue, jetzt aber natürlich machen werde.

... ich wiederhole die Frage an den Mann neben mir, der jetzt gefunden hat, wonach er suchte. »Warum haben Sie es so eilig, wo ich doch nur aus der Nase blute?« Er antwortet nicht, sondern schneidet meinen Pulloverärmel auf und legt mir eine Blutdruckmanschette um den Arm.

Er sagt etwas und lächelt angestrengt, aber ich höre nicht, was, und verstehe den Witz nicht. Ich höre nur das Echo in meinem Kopf, dumpfe Laute, verfluchte Basstrommeln. Der Druck auf dem Arm steigt, er quillt auf, der Arm wird explodieren, aber ich spüre keinen Schmerz. Der Mann in der grün-gelben Weste schweigt und sieht auf das Blutdruckmessgerät.

In meinem Auto, 18.20 Uhr
Links sehe ich Uppsala, kann am Horizont den Dom und die Universität erkennen, die von der Nachmittagssonne stolz angestrahlt werden. Das Auto bewegt sich mit hundertvierunddreißig Stundenkilometern auf der E4 nach Norden, eine Strecke, die ich schon Hunderte von Malen gefahren bin, eigentlich könnte ich die Augen schließen und den Autopiloten den Rest übernehmen lassen. Es sind nur wenig Autos unterwegs, ich habe einen guten Rhythmus und überlege, wie ich nach Mora fahren werde, denke über mögliche Abkürzungen und Umwege nach. Ich entscheide mich dafür, über Gävle zu fahren, dann Sandviken, Hofors und dann nach Dalarna hinein. Als ich etwas langsamer werde, um den Fahrersitz ein paar Zentimeter nach hinten in die Langstreckenposition zu schieben, verspürt der Körper wieder Lust – die Lust auf Kajakfahren. Wenn ich nicht einmal in der Woche paddeln kann, dann gerät der Körper aus dem Rhythmus, aber vor allem werde ich dann manisch, forciert und extrem hungrig.

… der Mann in der grün-gelben Weste lässt die Luft aus der Blutdruckmanschette und registriert den Druck. Er fixiert meinen Kopf mit Hilfe einer Stützmanschette aus Gummi. Dann lässt er die Trage hinunter, sodass ich jetzt liege, wieder leuchtet er mir mit der Taschenlampe in die Augen, ehe er etwas in den Computer schreibt. Ich weiß nicht, wo wir sind, und als ich frage, antwortet er nicht. Vielleicht hört er mich nicht, weil ich meine eigene Stimme auch nicht mehr höre. Ich sehe, dass er sich vorbeugt und dem Fahrer des Krankenwagens etwas sagt, der ihm ein Handy gibt. Es fällt mir schwer zu schlucken. Er gibt mir Wasser, ohne dass ich darum bitte, er sieht mir ins Gesicht, und dann leuchtet er mir in die Augen, während er mit jemandem am Telefon spricht …

Mora, 20.30 Uhr
Wir treffen uns vor der Mora Kaffestuga. Wir freuen uns, einander zu sehen, es gibt keine bösen Mienen, sie wären eher erstaunt gewesen, wenn ich pünktlich aufgetaucht wäre. Sie finden, dass ich müde aussehe, und ich finde, dass sie auch müde aussehen, aber anstatt mit unserer Müdigkeit zu wetteifern, heben wir die beiden Kajaks, Zelte und Schlafsäcke von ihrem Auto auf meinen Allrad-Jeep, und dann nehmen wir Kurs auf Wald, Tal und Strom. Johan habe ich über Ella kennengelernt, mit der Johan einmal zusammengewohnt hat. Sie waren kein Paar, aber Johan hat zugegeben, dass er in sie verliebt war. Ella kenne ich, weil ihr Bruder einen meiner Vorträge gehört hat, und das endete damit, dass ich Ella vorgestellt wurde, die auch Kajaks und Wasser mag. Jenny habe ich vor einem Jahr kennengelernt, als ich an der Zapfsäule Nummer 5 in Kristinehamn Diesel tankte, und sie derweil an der Zapfsäule Nummer 4 Super. Das eine führte zum dritten, und als sie dann einen Auftrag in der Hauptstadt erhielt, gab ich ihr den Tipp mit Johans Teil der Wohnung, die er mit Ella teilte. Johan war ver-

reist, Ella war zu Hause, das Vierte führte zum Fünften. Ganz einfach.

… der Mann beendet das Gespräch und schreibt wieder etwas in den Computer. Ich weiß, dass ich Schmerzen haben müsste, kann aber nicht lokalisieren, wo der Schmerz sitzt, vielleicht hat es was mit dieser Statoil-Tüte zu tun, in die meine rechte Hand eingebettet ist, denn in der Tüte ist Blut, auch wenn die Hand nicht wehtut.

Das Nasenbluten hat aufgehört, und ich liege bequem, aber ich höre ziemlich schlecht und finde die Worte nicht. Irgendetwas macht mir Sorgen, das Ganze könnte schiefgehen. Zum ersten Mal heute habe ich Angst …

In einem Wald, 22.00 Uhr
Wir fahren einen mehrere Kilometer langen Waldweg entlang, der in einen schmalen Pfad übergeht, der dann ein paar hundert Meter später nur noch Wald ist. Hier herrscht das, was wir als »weglos« bezeichnen, die Wildnis. Die anderen haben die Verantwortung, den richtigen Weg zu finden, mir überlassen, und zwar schon, als wir die kleine Landstraße verlassen haben, denn da befanden sie sich mitten in einer Diskussion über Wohnbaukredite. Die Verantwortung ruht in meinen Händen, und ich habe entweder ein gutes Orientierungsvermögen oder einfach nur Glück. Eine halbe Stunde später parke ich den Jeep hinter einem kleinen Hügel. Wir laden aus und suchen nach einem passenden Lagerplatz.

… ich kann mich nicht mehr konzentrieren, kann nicht mehr aus dem Fenster sehen, mir wird übel, verstehe nicht, woher die Übelkeit kommt, vom Nasenbluten oder vom Rückwärtsfahren oder von dieser verdammten Statoil-Tüte …

Kvissedeforsen, später Abend
Das Sommerlicht drängt sich zwischen den Fichtenkronen hindurch, es riecht nach warmem Moos, im Hintergrund hört man den Strom. Wir entfernen uns ein paar hundert Meter vom Auto, und unter uns wirbelt der Strom vorwärts. Es juckt mich am ganzen Körper, ich will ins Wasser. Wir haben eine kleine Bucht mit stillem Wasser gefunden. Der Kvissedeforsen hat mehrere solcher Buchten, und in einem so reißenden Strom wie diesem ist es lebenswichtig, die auszunutzen, nicht nur, um die Fahrt abzubremsen. Wir sind zu müde, um heute Nacht noch zu paddeln, und trotz meines Monologs über das Licht, das Wasser und den Kick, sich um Mitternacht in einen Strom zu begeben, beschließen wir, nach dem Frühstück am nächsten Tag loszupaddeln.

In die Bucht ragt eine Halbinsel hinein, und dort machen wir die Kajaks fest. Wir finden einen passenden Lagerplatz und wollen den Tag mit einem nächtlichen Kaffee abschließen, ehe wir in unseren Schlafsäcken unter freiem Himmel schlafen. Der Platz, an dem wir unseren Kaffee einnehmen, liegt vielleicht fünfzig Meter von den Kajaks entfernt bei einem großen Stein. Der Stein ist immer noch angenehm warm von der Sonne, die im Laufe des Nachmittags und des Abends noch an Intensität zugenommen hat. Wir sitzen schweigend da und genießen, ich biete den anderen Multbeeren und Apfelkrapfen an.

... der Mann in der grün-gelben Weste verbindet den Computer und das Blutdruckmessgerät mit Hilfe eines Kabels, und dann setzt er eine Klemme auf meinen einen Finger und verbindet auch diese mit dem Computer. Der Krankenwagen wird langsamer, doch dann beschleunigt er wieder. Ich finde, es blitzt jetzt besonders blau, und ich mag Blau, aber blitzendes Blau ist stressig, und was zum Teufel hat blitzendes Blau mit Nasenbluten zu tun ...

Kvissedeforsen, später Abend
Nachdem wir eine Weile schweigend dagesessen und Kaffee getrunken haben, verspüre ich diese warme Quelle in meinem Innern, eine Energiequelle, die befriedigt werden muss, die nicht gelöscht oder kontrolliert, sondern bejaht werden muss. Heute merke ich sofort, wenn Mr. Tourette das Ruder übernehmen will, und ich weiß, dass ich ein wenig paddeln sollte, um die warme Quelle auf andere Körperteile abzulenken. Ich schlage noch einmal vor, dass wir paddeln sollen, bekomme aber drei entschiedene Nein zur Antwort – Helme, Schwimmwesten und Sicherheitstaue liegen im Auto. Ich nehme das Nein für Vielleicht und frage, ob die anderen mit mir wetten wollen.

»Worum wetten?«
»Wer am längsten durchhält.«
»Wer am längsten durchhält?«

Sie gehen auf die Wette ein, und die Strafe für den, der verliert, ist, zwei Minuten lang im kalten Flusswasser zu baden. Der Gewinner darf selbst bestimmen, wie er oder sie belohnt werden soll.

… inzwischen sehe ich schlecht, es brennt in den Augen, aus denen Flüssigkeit läuft, aber ich höre besser. Der Mann in der grün-gelben Weste bittet mich, geradeaus zu sehen, rückt die Stützmanschette zurecht, schüttelt mich, sagt, dass wir bald da sind. Ich sehe, wie der Spitzbart mit der Unterlippe mitgeht, wenn er spricht, habe das Gefühl, dass er Wörter auflistet wie Skispringen, Thunfisch und Wohnbaukredite, aber ich weiß es nicht genau. Ich kann Augen, Kopf oder Hände nicht bewegen, und ich merke, dass der Kopf in dieser Stützmanschette festsitzt, und dann, dass ich nackt bin, abgesehen von dem rot-weißen Pullover mit Nasenblut drauf und der klebrigen Statoil-Tüte bin ich völlig nackt …

Kvissedeforsen, Mitternacht
Nach acht Minuten stehen nur Ella und Jenny immer noch auf einem Bein und lächeln mich, den Verlierer, an. Jenny verliert das Gleichgewicht, nachdem Ella ruft: »Sieh mal, ein Wolf!« Ella gewinnt. Ich ziehe mich aus, halte einen Tannenzweig vor meinen besten Freund und gehe, begleitet von freundlichem Lachen und warmem Applaus, rückwärts ins Wasser. Das Wasser ist kalt, wenn auch nicht eiskalt. Dennoch dauert es ein paar Sekunden, ehe ich spüre, wie das Wasser dieses umschmeichelnde Lauwarme bekommt, wie es nur Flusswasser vermag. Ich tauche mit dem Kopf unter, schüttele meinen Körper wie ein Labrador und schwimme ein paar Meter in die Bucht hinaus. Ella bestimmt ihren ersten Preis selbst, der sich als dasselbe entpuppt wie meine Strafe – ein Bad in der Bucht. Sie genießt ein paar Sekunden im Wasser, dann geht sie wieder an Land. Ich steige auch nach ein paar Minuten aus, doch ich bin nicht zufrieden, irgendetwas

fehlt, die warme Quelle blubbert immer noch in meinem Körper.

Wir sitzen alle auf dem warmen Stein, Ella nimmt einen Schluck aus dem Fluss, ich ein wenig Kaffee aus Jennys Thermoskanne. Johan und Jenny beschließen, den Strom zu erforschen, den Wasserfall zu fotografieren und nach gefährlichen Hindernissen zu suchen. Wir verabreden uns in einer halben Stunde an der Mitte des Stroms.

… ich bin nass unter der Decke, bestimmt habe ich mich eingepinkelt und gekackt und die Trage vollgekotzt, und es stinkt. Und ich habe einen Ständer. Ohne erregt zu sein. Ich schäme mich, ich glaube, der Mann in der grün-gelben Weste kann auf dem Computer sehen, dass ich einen Ständer habe. Aber der Mann in der grün-gelben Weste plappert weiter und schaut auf den Bildschirm und schüttelt mich, ich höre nur die tiefen Töne, keinen Diskant. Und überall kreiseln blaue Lampen, was passiert nur, wohin zum Teufel sind wir unterwegs, warum dauert das so lange? Der Mann in der grün-gelben Weste ärgert mich, ich will zurückschütteln und ihn schlagen, doch ich kann mich nicht rühren, kann nicht einmal den Kopf drehen, der ganze Körper scheint leblos, abgesehen von dem Harten zwischen den Beinen …

Kvissedeforsen, Mitternacht
Ich gleite wieder ins Wasser, schwimme auf dem Rücken, schwimme noch ein paar Meter und noch einen. Ella sieht nicht mehr entspannt aus und bemerkt sachlich:

»Nicht weiter raus, Pelle, du bist nah bei der Stromschnelle.«

Ich schwimme weiter, rückwärts, auf dem Rücken, ohne zu sehen, wohin ich schwimme.

»Hör auf, das ist nicht witzig.«

Also ist es witzig, und ich schwimme weiter rückwärts und mache weiter. Ella steht auf, nimmt einen Stein und wirft ihn mit Schwung nach mir, sie ist ehrlich böse, richtig wütend.

Ich drehe mich um, die Tics im Bauch und Mr. Tourette im Wasser begegnen kindlichem Ernst mit lebensgefährlichem Ernst und gleiten deshalb noch weiter zu der Stromschnelle hin.

Ella schreit, wirft mit Erde, mit Steinen, mit Tannenzweigen.

Diese Art von Reaktion sollte mich aufwecken, doch stattdessen triggert sie mich noch weiter, noch einen halben Meter, einen Meter, zwei vielleicht, höchstens drei. Am Ende ist es wohl Ellas panikartige Körpersprache, die mich dazu bringt, wieder zurückzuschwimmen. Doch nichts geschieht. Ich schwimme, aber nichts geschieht. Es dauert ein paar Sekunden, ehe ich merke, dass je mehr ich schwimme, ich umso mehr rückwärts auf die Stromschnelle zugleite. Ella sieht aus, als wisse sie nicht, ob ich Witze mache oder nicht. Ich werfe mich nach links, wo die Kajaks liegen. Wenn ich das Kajak achtern packe, dann kann ich mich an Land ziehen, das ist meine einzige Chance. Ich schaffe es, eines der Kajaks zu packen, ziehe mich Richtung Land ... und das Kajak löst sich, nimmt Fahrt auf, saust auf mich zu, ich fange es reflexhaft ein ... und wir fahren rückwärts und in Hochgeschwindigkeitstempo auf die Stromschnelle zu. Das Letzte, was ich noch wahrnehmen kann, ehe ich in der Stromschnelle verschwinde, ist, wie Ella auf die Knie geht und mir ihre Hand entgegenstreckt. Dann sause ich, splitternackt und ein Kajak umarmend, davon – in die Stromschnelle hinein, weg von der Wirklichkeit.

… er leuchtet lange, sehr lange mit der Taschenlampe, jetzt höre ich nicht einmal mehr die Basstöne, nur, dass etwas im Körper dröhnt, das Herz vielleicht, oder die Pulsadern, vielleicht das Gehirn, ein Wahnsinnsdröhnen ist das …

Im Kvissedeforsen, nachts
Ich gleite rückwärts auf den Strom hinaus, hieve mich ins Kajak, sehe Jenny schreien und Johan rufen: »Hände vor den Kopf!« Das Kajak beschleunigt extrem schnell in der Strömung, mir wird klar, dass ich einen Zusammenstoß haben werde, ich werde mit den Steinen in dem brausenden Wasser zusammenstoßen.

Meine Hände suchen panisch nach Ästen oder Zweigen oder Wurzeln, mit deren Hilfe ich mich wieder an Land ziehen kann, doch die Fahrt geht immer nur noch schneller, und ich sehe, dass das Kajak mit einem Stein zusammenstoßen wird, und das wird krachen, aber indem ich den Körper instinktiv wie ein Slalomfahrer winde, weiche ich dem Stein aus, was dazu führt, dass das Kajak noch mehr Fahrt aufnimmt, was selbst wenn ich eine Sicherheitsleine und ein Paddel dabeihätte, lebensgefährlich wäre.

Und in diesem Moment gleite ich in Phase zwei ab – die Einsicht. Da ist das Gefühl, dass das hier nicht gutgehen wird. Mitten im Chaos begreife ich, dass ich mein Bestes getan habe, nun habe ich keine Kontrolle mehr.

Ein großer Stein, jetzt knallt es, die rechte Hand vor den Kopf, jetzt kracht es.

Und da kracht es.

… verschwommen, neblig, die Statoil-Tüte, das Blut, die Hand, die Klemme, die Stützmanschette, die Basstöne, blaues Licht, grüne Weste, blaues Licht, gelbe Weste, das blaue Licht verschwindet, das Auto hält an. Peter, plötzlich erinnere ich mich an Peter, einen großen schwarzen Kenianer, den ich in Kabul kennengelernt habe, dann wird die rückwärtige Tür des Krankenwagens geöffnet, jemand redet Dalarna-Dialekt, und ich schnorchle wieder in Haferbrei, daran erinnere ich mich …

Im Kvissedeforsen
Ich schnorchele in Haferbrei. Schwimme in einer Art Wasser.

Gerade aufgewacht. Fühle mich grade aufgewacht, habe etwas im Mund, das nach Eisen schmeckt. An Land liegt ein blaues zerbrochenes Kajak.

Glaube, ich übergebe mich.

Dann schwimme ich weiter im Wasser herum, das weder warm noch kalt ist. Was mache ich allein in einem Strom, nackt und mit einem Ständer?

Ich kotze.

Ich habe Blut an den Händen. Die Finger der einen Hand hängen nur so herunter. Ich höre nicht gut, aber ich höre den Strom im Hintergrund und vielleicht ein Flugzeug und einen Vogel und jemanden, der ruft.

Ich pinkele ins Wasser.

Jemand kommt angerannt, ein hochgewachsener Mann mit wenig Haaren, eine Frau mit hellen Haaren, vor allem fällt mir auf, dass sie die gleichen Stiefel haben. Der Mann sieht mich an, die Frau sagt etwas, aber ich kapiere nicht, was, sie lächelt und weint gleichzeitig, der Mann streckt seine Hand aus, er nimmt meine Hand, nicht die mit den herunterhängenden Fingern, sondern die linke Hand, ich antworte nicht, aber er nimmt meine Hand, nimmt meine Hand und fällt gleichzeitig ins Wasser. Er rappelt sich hoch und ich gehe mit ihm. Eine andere Frau kommt auf uns zugerannt. Sie sieht fast genauso aus wie die erste. Sie trägt einen Bademantel, scheint darunter nackt zu sein, in der Hand hat sie eine Plastiktüte, sie weint, kommt auf mich zu, nimmt mich, sagt etwas. Wir setzen uns, alle vier. Wir trinken Kaffee, der schmeckt gut. Jetzt erkenne ich sie wieder, habe aber ihre Namen vergessen. Ich frage, wie sie heißen.

Sie sehen erstaunt aus, und ich tue so, als würde ich Witze machen. Mir ist übel, ich muss pinkeln, fange wieder an, in diesem Haferbrei zu schnorcheln.

Johans Notizen:
Pelle hat gefragt, wie wir heißen. Wir haben gefragt, ob er Witze machen würde. Ja, erwiderte er. Wir haben ihm geglaubt. Doch er wirkte verwirrt und abwesend. Er hat Kaffee getrunken, schien sich aber nicht darum zu scheren, dass der Kaffee eiskalt war.

Wir haben uns hingesetzt, um uns zu erholen. Ella hat ihm seinen Pullover gegeben, aus roter und weißer Baumwolle. Seine rechte Hand war total kaputt. Mindestens zwei Finger waren gebrochen, ein dritter war wegen all des Bluts kaum zu sehen. Aus der Oberseite der Hand ragte ein kleiner Knochen, die offene Wunde zog

Insekten an. Ich habe die Hand in die Statoil-Tüte von der Tankstelle in Falun eingewickelt. Pelle hatte eine große Wunde direkt über dem rechten Auge, doch die blutete nicht mehr. Sein rechter Oberschenkel war aufgescheuert, und er meinte, Rückenschmerzen zu haben. Sein Gesicht wurde immer blasser. Er redete abgehackt. Er war nackt und fing völlig unmotiviert an zu pinkeln. Wir machten uns Sorgen, da stimmte irgendwas nicht. Er behauptete, es ginge ihm gut, aber er hatte solche Schmerzen in den Armen und im Rücken, dass er den Pullover nicht anziehen konnte. Ich musste ihm helfen. Pelle erklärte ganz sachlich, dass es sich in seinem Kopf kalt anfühlte, und mehrere Male sagte er, es täte ihm leid, dass das Kajak kaputt war.

Plötzlich legte Ella die Hand auf den Mund und zeigte, und so bemerkte ich es auch. Jenny hatte es auch bereits bemerkt und flüsterte uns zu, dass wir ihn so schnell wie möglich ins Krankenhaus bringen müssten. Aus seinem rechten Ohr rann Blut, und auch ein paar Tropfen aus dem linken.

Ella versuchte den Notruf, überlegte sich dann aber, dass es besser war, wenn wir sie anriefen, wenn wir es bis zur Landstraße geschafft hatten. Mit einem Krankenwagen würden sie sowieso nicht in dieses unwegsame Gelände fahren können, und außerdem wussten wir nicht, wo wir uns befanden. Während Jenny unsere Sachen einsammelte, saß ich bei Pelle und diskutierte mit ihm über verschiedene Typen von Kajaks. Er redete immer noch abgehackt und sein Blick flackerte. Wieder fragte er, wer wir waren, und was wir da machten. Das war kein Witz.

Die Autoschlüssel lagen in seiner Tasche weiter oberhalb am Fluss, wo wir vor ungefähr einer Stunde Kaffee getrunken hatten. Ella eilte, sie zu holen, und Jenny lief in den Wald und suchte nach dem Auto. Pelle wurde müde. Er war überhaupt nicht der Meinung, dass wir ins Krankenhaus mussten, sondern behauptete, es würde ihm besser gehen. Die Müdigkeit wollte er damit wegerklären, dass es ein langer Tag gewesen sei, doch er erinnerte sich nicht, in Tallinn und Oslo gewesen zu sein.

Jenny fand das Auto nach zehn Minuten, und Ella kam mit den Schlüsseln. Jenny versuchte, einen Notruf abzusetzen, doch ihr Handy war tot. Auch meines hatte kein Netz. Ich schmierte etwas von dem Blut aus Pelles Ohren unter seine Nase, damit er glauben sollte, dass er Nasenbluten habe. Das wirkte nicht so dramatisch. Wir hatten Angst, dass er sich aufregen würde. Wir waren uns einig, dass nun das Wichtigste war, Pelle wach zu halten und zu einem Krankenhaus zu kommen. Ella fuhr durch den Wald und versuchte zu verbergen, dass sie weinte. Jenny hielt sich die Hand vor den Mund, während sie nach etwas suchte, das wie ein Weg aussah. Ich saß auf dem Rücksitz mit Pelle und redete über Kajaks, Flugzeuge und wie man den besten Espresso macht. Alle unsere Handys waren immer noch mausetot.

Er darf nicht einschlafen, wiederholte Jenny, die mal irgendeine Pflegeausbildung gemacht hatte. Nach einer Weile fand Ella einen Schotterweg und wir hofften, dass dieser auf eine größere Straße führen würde. Pelle murmelte etwas, aber wir konnten nicht verstehen, was er sagte. Wir ließen ihn murmeln, das war immer noch besser, als wenn er einschlief. Der Schotterweg wurde breiter. Jenny bat Ella, langsamer zu fahren, damit es nicht so schlug, das Blut aus den Ohren deutete darauf hin, dass Pelle einen Schädelbruch haben könnte.

Endlich kamen wir auf eine asphaltierte Straße, doch in welche Richtung sollten wir fahren? Wir beschlossen, auf rechts zu setzen. Die Handys hatten immer noch kein Netz, und wir konnten keinen Notruf absetzen.

Wir kamen nirgends an, und wir wussten nicht, wo wir uns befanden. Wir versuchten, Pelle zu fragen, aber er babbelte meist über das Kajak, das kaputtgegangen war, und über Flugzeuge, die er verpasst hatte. Dann wurde er wieder still. Ich schlug ihn auf die Wange. Er reagierte spät, aber er reagierte. Er bemerkte auch, dass er blutete. Ich sagte ihm, das sei Nasenbluten. Er glaubte mir, also schmierte ich noch mehr von dem Blut aus den Ohren unter seine Nase. Als die Verwirrung komplett war, wurde auch noch der Asphaltweg wieder zu einem Schotterweg. Ella hielt das Auto an und ging ein Stück auf dem Weg. Wieder versuchte sie den Notruf, aber nichts ging. Wir erwogen, umzudrehen und wieder zurückzufahren. Ich schlug Pelle immer öfter, er wurde müde. Ich redete mit ihm, doch er antwortete nicht mehr. Er bat, ein paar Minuten die Augen zumachen zu dürfen, und da schlug ich ihn wieder. Jetzt hatte ich richtig Angst, dass er einfach so von uns wegdämmern könnte.

Wir beschlossen weiterzufahren. Kurz darauf wurde uns klar, dass wir hier überhaupt noch nie gewesen waren. Aber wir fuhren weiter, die Hauptsache war jetzt, an einen Ort zu kommen, wo die Handys funktionierten. Ich schlug Pelle fester, als ich sollte. Es war vielleicht zwei Uhr nachts. Jenny sah zu Ella, Ella starrte stur geradeaus. In ungefähr einem Kilometer Entfernung sah ich ein gelbes Licht. Ella trat das Gaspedal herunter.

Wir fanden eine verlassene Tankstelle und eine alte Werkstatt. Jenny sprang aus dem Auto, um ein Namensschild zu finden, damit wir irgendeinen Anhaltspunkt hatten. Sie fand nichts. Pelle war abwesend, aber wach. Sein Gesicht war blutverschmiert, und er hatte rote Flecken von meinen Handflächen.

Plötzlich hatte ich Netz. Jenny nahm mein Handy und wählte den Notruf. Als man sie bat, Pelles Zustand zu beschreiben, ging sie ein wenig vom Auto weg. Pelle schien plötzlich wacher, ich musste ihn nicht mehr so oft schlagen. Jenny winkte Ella zu sich, die beiden redeten vor dem Auto. Ich erfuhr, dass die Leute von der Notrufzentrale einen Hubschraubertransport in eine neurologische Klinik, entweder Umeå oder Uppsala, erwogen. Der Weg über die Landstraße könnte zu lange dauern, Pelle brauchte akute Versorgung. Wir hatten Kontakt, waren damit aber keineswegs beruhigt.

Wenige Minuten später rief ein Krankenwagen bei Jenny an. Sie erklärte die Situation noch einmal und man sagte ihr, sie solle in derselben Richtung auf derselben Straße weiterfahren. Wir erfuhren, dass wir uns einige Kilometer von Malung entfernt befanden. Der Krankenwagen würde uns entgegenkommen. Wenn wir es schneller nach Malung schafften, dann sollten wir auf dem Parkplatz bei der Brücke auf der Südseite des Flusses warten.

Die Straße nach Malung wollte kein Ende nehmen. Das Einzige, was wir sehen wollten, war Blaulicht. Bei jeder Kurve und jeder Kuppe starrten wir wie gebannt. Würde es blau blinken, oder würden noch mehr Kilometer dunkler Wald kommen? Doch nichts geschah. Ella redete mit sich selbst, Jenny hielt die eine Hand vor den Mund. Wir fingen ernsthaft an, darüber nachzudenken, ob wir wohl richtig gefahren waren. Ich hatte Angst, dass Pelle einschlafen würde, und wusste nicht, ob wir ihn dann wieder würden wecken können. Ich sagte den anderen aber nichts.

Malung 5.
Wir sahen einander an, und die Erleichterung war riesig. Dennoch schien es ein Jahr zu dauern, die fünf Kilometer bis Malung zu fahren. In Malung dann wurden wir wieder nervös. »Wo sind die?«, flüsterte Jenny verärgert. Ella schlug mit der Hand auf das Lenkrad. »Welche Brücke, welche verdammte Brücke?« Ich schlug Pelle noch fester. Er sah mich an. »Das macht keinen Spaß«, sagte er. Mir tat der Arm weh. Ganz furchtbar tat der weh. Jenny fiel das Handy runter. Als sie den Sicherheitsgurt losmachte und nach dem Telefon tastete, hupte Ella wie besessen – etwas Gelbes mit Blaulicht kam auf uns zu. Ella bremste, Jenny kurbelte die Scheibe herunter. Ich sah Pelle an. Ich zog ihn an den Haaren. Er begriff nichts. Jenny lachte. Ella weinte.

Der Krankenwagen parkte neben uns. Zwei Männer stiegen aus dem Auto. Ein Mann in grün-gelber Weste hatte schon die Trage dabei. Pelle wirkte abwesend, aber ziemlich wach. Er sah auf seine Hand. Auf die Statoil-Tüte. Er fragte mich etwas. Aber ich verstand nicht, was er sagte. Er fragte noch einmal. Ich konnte immer noch nicht hören, was er sagte. »Falun«, antwortete der Rettungssanitäter, als Jenny fragte, wohin sie fahren würden.

… der spitzbärtige Mann in der grün-gelben Weste sagt Falun und sieht mich an, Johan starrt mich an, ohne zu antworten, und was macht die Statoil-Tüte da an meiner Hand? Ich werde mit Hilfe einer Pumpvorrichtung unter der Trage in den Krankenwagen gehievt. Einen Rucker später bin ich in halb liegender Stellung festgeschnallt. Die Hintertür schlägt zu, und wir rollen sachte auf etwas hinaus, was eine Landstraße sein muss. Eigentlich könnte ich hier ganz schön liegen, wenn es nicht gegen die Fahrtrichtung wäre, weshalb ich alles rückwärts erlebe. Ich sehe ein Statoil-Schild am Horizont verschwinden, das Hinterteil eines Sattelschleppers, gelbe Straßenlaternen, keine Straßenlaternen, Hunderte von Fichtenkronen, überall Fichtenkronen. Der Mann in der grün-gelben Weste fragt mich, was für ein Tag heute ist, ich weiß nicht, was für ein Tag heute ist, dieser Tag fühlt sich an wie ein Jahr, irgendwo tut mir was weh, ich weiß aber nicht, wo, auf einem rot-weißen Pullover klebt geronnenes Nasenblut, es ist derselbe Pullover, den ich heute Morgen beim Frühstück anhatte, nur ein paar Stunden her, in Tallinn …

Johans Notizen:
»Schädelbasisbruch, starke Gehirnerschütterung, gebrochene Finger, Blutergüsse am Rücken. Ansonsten alles okay«, antwortet der diensthabende Assistenzarzt.

Als wir Pelle ein paar Stunden später besuchten, döste er im Bett vor sich hin. Auf der Decke lag ein Marzipanbrot.

Pelle kam mit einem blutigen rot-weißen Pullover ins Krankenhaus, abgesehen davon war er nackt. Jenny kam weinend und mit aufgescheuerten Füßen ins Krankenhaus. Ella kam in einem langen weißen Bademantel ins Krankenhaus, unter dem sie nackt war.

Der Polizist, der uns routinemäßig befragte, wollte wissen, warum Pelle rote Flecken im Gesicht hatte.

»Ich habe ihn geschlagen«, antwortete ich. Ich hatte mir bei dem Versuch, Pelle aus dem Wasser zu ziehen, den Arm ausgekugelt.

Der Polizist fragte, was wir eigentlich gemacht hatten.

»Pelle hat eine Wette verloren«, antwortete Jenny.

Wir lachten hysterisch.

Epilog für die deutsche Ausgabe

Die Osnabrück-Episode vermittelt einen falschen Eindruck von meinem Deutschland-Bild. Vielmehr prägte ein anderes Erlebnis meine Liebe zu Deutschland, und zwar, als ich es am wenigsten erwartete:

Entschuldigen Sie bitte
Köln International Airport (2010)

Ich bin in Köln gewesen, habe *downtown* eine heißgeliebte Tasse Kaffee getrunken, nun werden meine Gefühle in die Luft verfrachtet. Ich fahre zum Flughafen hinaus, werde nach Hause nach Schweden reisen, es ist kurz nach vier Uhr nachmittags. *Tourette Prime Time.* Ehe ich durch die Sicherheitskontrolle gehe, klatsche ich in die Hände und mache das ein oder andere Geräusch, das das Schweigen durchbricht. Die Leute gucken, das Sicherheitspersonal guckt, guckt sehr eingehend. Ich passiere den Metalldetektor mit einem Piepsen – ich mache das Piepsen, nicht der Detektor. Ein schöner Tic. Und dann, als ich gerade den Bereich verlassen will, ruft mich eine tiefe Stimme zurück: »Entschuldigen Sie bitte …«

Ein großer und kräftiger Mann mit rasiertem Schädel und in Security-Uniform kommt auf mich zu, er hält etwas hinter dem Rücken. Die Leute gucken, das Sicherheitspersonal guckt, guckt sehr eingehend. Der Mann holt mein I-Pad hervor. »Das haben Sie vergessen«, sagt er. Der Mann lacht, ich lache. Er fügt hinzu: »Und viel Glück mit Ihrem Tourette.«

Das ist mir noch nie zuvor passiert. Ich umarme ihn, er gibt mir Küsschen auf die Wange, die Leute lächeln, das Sicherheitspersonal lacht, lacht sehr eingehend.

Das werde ich nie vergessen. Die Entspanntheit. Die Ehrlichkeit. Der Mann aus Köln hat mich als Mensch gesehen, und nicht als Freak. Ich denke an den Mann aus Köln, wenn Deutschland Fußball spielt oder über Politik redet oder im Biathlon verliert.

Entschuldigen Sie bitte.

Pelle Sandstrak,
im Moment gerade in London Heathrow, Februar 2014

»Die schräg-schöne Autobiografie eines Zwangsneurotikers.«

EMOTION

Pelle Sandstrak
HERR TOURETTE
UND ICH
Bericht eines
glücklichen Menschen
Aus dem Schwedischen
von Susanne Dahmann
488 Seiten
mit zahlreichen
Abbildungen
ISBN 978-3-404-60011-3

Pelle erstarrt, wenn eine Möwe über ihm kreist, klaut Schmuck, nur um ihn berühren zu können, rastet aus, flirtet manisch, ticst und zwangshandelt. Ein Klassenclown, gefürchteter Gegner beim Sport, manchmal ganz einfach ein netter Junge. Ein rasendes Leben, voller Verzweiflung – und irgendwann Resignation. Er steht einen Zentimeter vor dem Abgrund, als all das einen Namen bekommt: Tourette-Syndrom.

Das Besondere an seinem Buch ist nicht nur die mit großem Talent beschriebene Innenansicht eines Touretters. Es ist der Witz, mit dem Pelle seine Leser in die absurdesten Situationen führt, es ist die wilde Mischung aus Lachen und Anteilnahme, die er auslöst.

Bastei Lübbe

Ein großartiges Buch über das Leben, von einem, der weiß, dass er sterben wird

Kristian Gidlund
NACH MIR DAS LEBEN
Was ich am meisten
vermissen werde, wenn
ich nicht mehr bin
Aus dem Schwedischen
mit zahlreichen
Abbildungen
ISBN 978-3-7857-2500-9

Nr. 1-Bestseller in Schweden, Platz 1 der schwedischen Charts
Kristian Gidlund ist eine Kultfigur in Schweden: bekannt als Schlagzeuger der Indie-Band SUGARPLUM FAIRY, als Journalist für verschiedene Magazine unterwegs. Er schreibt, fotografiert, macht Musik; das Leben ist ein wildes Experiment. Mit nur 23 Jahren bekommt er Magenkrebs, ein Jahr später weiß er, dass er nicht mehr lange leben wird. Seine Gedanken, seine Lieben, seine Sehnsucht nach dem Leben, das er nicht mehr erleben wird, sind eine tief bewegende Lektion über das Geschenk des Lebens.

Bastei Lübbe